T.

4382.
C.

Irappel

Ⓒ

Ye

1008

LE COMBAT

DE TRENTE BRETONS

CONTRE

TRENTE ANGLOIS.

A PARIS,

CHEZ JULES RENOUARD, LIBRAIRE,

RUE DE TOURNON, N° 6.

MONUMENT
de la Bataille des Trente,
Elevé dans la Lande de Mi-voie,
en 1819.

Lith. de C. Motte.

LE COMBAT

DE TRENTE BRETONS

CONTRE

TRENTE ANGLOIS,

PUBLIÉ

D'après le Manuscrit de la Bibliothéque du Roi,

PAR G. A. CRAPELET, IMPRIMEUR.

A PARIS,

DE L'IMPRIMERIE DE CRAPELET,

RUE DE VAUGIRARD; Nº 9.

M DCCC XXVII.

IMPRIMÉ SOUS LES AUSPICES

DE MGR LE COMTE DE CORBIÈRE,

MINISTRE ET SECRÉTAIRE D'ÉTAT AU DÉPARTEMENT
DE L'INTÉRIEUR.

AVERTISSEMENT.

En 1813, M. le chevalier de Freminville, en s'occupant avec M. de Penhouet, ancien Officier de la Marine royale, de recherches historiques sur les Antiquités de la Bretagne, découvrit à Paris, dans un Recueil de pièces manuscrites de la Bibliothéque du Roi, le récit en vers du *Combat des Trente.* Cette heureuse découverte fut publiée en 1819 (1), par les soins de M. de Freminville. C'étoit déjà un grand service rendu à l'Histoire de Bretagne, qui jusqu'alors n'avoit pu produire d'autre titre du Combat des Trente, qu'un seul manuscrit de 1470, conservé dans la Bibliothéque de Rennes, et d'après lequel tous les historiens de Bretagne avoient composé le récit de cette action.

Il convenoit à l'Éditeur d'un nouveau document de détruire les objections de plusieurs

---

¹ Brochure in 8° de 39 pages. *Brest,* Lefournier et Deperiers.

écrivains, qui avoient contesté l'authenticité du
Combat des Trente, et qui se trouvoient bien
près de révoquer en doute l'action elle-même,
en attaquant tous ses détails et toutes ses cir-
constances. M. de Freminville s'est acquitté de
ce soin avec autant de talent que de patriotisme,
dans l'Avant-Propos qui accompagne sa publication. Il seroit donc inutile de faire revivre
aujourd'hui la discussion élevée autrefois par
M. de Pommereul, sur le fait même du Combat.
Cette discussion a donné lieu à d'excellentes
dissertations, entre autres celle de M. de Toustain-Richebourg, qui toutefois ne pouvoit op-
poser que des conjectures aux conjectures de
son adversaire. Mais la réalité de cet épisode des
guerres de Bretagne au quatorzième siècle, se
trouve maintenant établie sur des pièces irré-
cusables, qui éclaircissent tous les doutes élevés
sur les particularités du combat, et qu'on trou-
vera réunies dans ce volume.

Il est très présumable que la pièce en vers
si récemment découverte, est la même que

celle dont parle d'Argentré, qui écrivoit son *Histoire de Bretagne* vers le milieu du seizième siècle. « J'ai veu, dit-il, vn tres-ancien liure « traitant de ce combat, fait en mauuaise « rithme, dés le même temps comme il est à « croire. »

Il étoit donc important que ce document historique, si précieux malgré ses mauvaises rimes, qui diffèrent peu de la prose du même temps, reproduisît avec la plus scrupuleuse exactitude le texte original; mais à cet égard l'édition de M. de Freminville laisse beaucoup à désirer. Elle offre même des différences si notables avec le texte, et elles sont d'une telle nature, que j'ai douté un instant s'il ne se trouvoit pas deux manuscrits de la même Relation en vers du Combat des Trente, à la Bibliothéque du Roi; ce qui n'existe pas en effet. Cependant les lecteurs qui pourroient comparer les deux copies imprimées éprouveroient sans doute la même incertitude, en lisant à la fin de l'édition de M. de Freminville, une note conçue

en ces termes : « Nous prévenons expressément
« que les incorrections du poëme que nous met-
« tons sous les yeux des lecteurs, existent dans
« l'original, sur lequel nous l'avons copié avec la
« plus grande précision, et que nous avons cru
« devoir reproduire absolument tel qu'il est. »

D'après cette note, il est difficile d'expliquer,
si ce n'est par la rapidité avec laquelle on aura
pris la première copie sur le manuscrit, et très
probablement une seconde copie de cette première, qui aura été remise à l'imprimeur, comment nombre de mots ont été changés et
remplacés par d'autres, dont l'éditeur donne
même l'interprétation ; comment plusieurs vers
ont été omis, d'autres transposés ; enfin, comment il se trouve *cinq cent dix-neuf* vers dans
le manuscrit original, et seulement *cinq cent un*
dans l'édition de M. de Freminville.

La nouvelle édition que je publie, venant
long-temps après celle de 1819, je ne pouvois
me dispenser de donner une explication sur les

différences que l'on remarquera dans les deux textes. De plus, comme le premier Éditeur, pour donner l'indication du manuscrit de la Bibliothéque du Roi, annonce qu'il contient aussi le *Roman d'Alexandre*, qui ne s'y trouve pas, j'ai cru devoir donner une description détaillée de toutes les pièces contenues dans ce manuscrit, et j'y ai joint un *fac-simile* des deux premières pages du *Combat des Trente*. La ponctuation qui y manque, comme il est d'usage dans les anciens manuscrits, a été rétablie à l'impression, pour rendre la lecture du poëme plus facile, et c'est la seule différence qu'elle présente avec le manuscrit original.

Je n'avois d'autre tâche à remplir dans cette publication, que de donner une copie fidèle, qui n'existoit pas, d'une pièce historique d'un grand intérêt pour l'Histoire de Bretagne; je crois y être parvenu, aidé des soins éclairés de M. Méon, employé aux Manuscrits de la Bibliothéque du Roi. Les épreuves ont été collationnées mot à mot sur le texte original, que j'ai fait suivre

d'une traduction littérale du poëme, et d'une
autre Relation du Combat, extraite des Chroniques de Froissart.

Pour que les ornemens de ce volume fussent
dignes de son sujet, j'y ai ajouté la Vue du Monument élevé en mémoire du Combat, et les
Armoiries des trente Chevaliers bretons, dessi-
nées d'après les armoriaux de la Bibliothéque
du Roi, et d'autres armoriaux particuliers et
inédits.

Si oultes a ton Jugement an len corde A celle fin que dieu ait, de toy
Misericorde en son derrain Jugement ¶ Car saint Jaques dit en son epistre
Jugement sanz misericorde sera fait, a celui qui ne fera misericorde
Et lii et derrain Chapitre ou que est contenu · Coment, celi livre fait
paix entre z ennemis pour pour la grant humilite quil treuve en
eulz:

Quant, celi livre out ojes toutes lez paroles dame prudence et les saiges
conseigneurs li furent en grant paix de cuer Et, loua dieu qui lui
auoit, donne si saige compaignie Et quant, la journee vint, que lez
aduersaires comparurent, en sa presence Il parla a eulz moult doulce
ment, et, dist Ja soit ce que vous soiez portez enuers nous moult
orguilleusement, et, de grant, presumpcion vous soit, aduenu Tou
tenoies la grant humilite que Je vij en vous me contraint, a vous
faire grace · Et, pour ce Nous vous recenons en nostre amitie en
nostre bonne grace Et, vous pardonnons Toutes juries et tou z
vos mesfaiz entoute nous A celle fin que dieu au point, de la mort
nous vueille pardonner lez nostres Amen: Amen:

Cy fin at le Traictie Mellibee Et Prudence sa femme:

Cy commence la bataille de xxx englois et de xxx bretons qui fu faite
en bretaigne. l'an de grace mil trois cens Cinquante le sammedi
denant, le tard Jerusalem:

Seigneurs or faites paix a fils et barons
Baunerois baihelers et trestour nobles lyons
Euesques et ables gens de religions
Heraulz menistreelz et tous bons compaignons
Gentilz bons et bourgois de toutes nations
Escoutez cest roummant, que due vous vuilons
Listoire en est vrae et lez dir en sont bons
Coment xxx engloiz hardir come lions
Combatirent, vu jour contre xxx bretons

Et pource sen vueil dire le vray et les raisons
Sy le sauront souuent gentilz bons et clarions
De cy Iusqua cent ans pour vray en leurs maisons
Bons dir quant ilz sunt bons et delurme centence
Toux gens debien douneur et degrant sapience
Pour ouir et escouter y maitent leur entente
Mais faillis et Ialoux cy ny se vleuft entendre
Dr en vueit comencher et Raison en vueil Rendre
Dela noble bataille que on a dit des xxx
Sy pri acelluy dien qui sa char laissa tendre
A nul ait mercy des armes querleplus sunt encendre
Quant tagorne en mort decest ciecle devie
Tenant annil le tort su finee savie
Des barons debretaingne et delenr compaingnie
Dien leur face mercy pir sacamite pitie
En son viuant auoit pour certain ordonne
Dne mennes gens deville ceulx qui gaingnent le ble
Ne seruoient des englois plus prins ne querroie
Quant le baron su mort tantost su onblie
Quer le melvine pour certain est pour luy demonre
Auj ure samt sy mas que bien sera vengie
Puis a la terre prinse et le pais gaiste
Et y embla prinel a dœul et a vilte
Bien failoit debretaingne toute sa vulante
Tant quanint laiournee que dien oust ordonne
Ane lraumaner le telon qui tant su alose
Mes sun le sage le prenr et le sene
Vers les englois alterent pour parler aleurte
Sy vit prener cirtitz dont il onst grant pitie
Ly vn estoit vn cirly et ly anltre serre
Y panltre catesiltons et ly anltere en cele
Deur et deur trois et trois chacun sy sailie
Comment sonet et melrs que len maine au marchie

DESCRIPTION

DU

MANUSCRIT DE LA BIBLIOTHÉQUE DU ROI,

DANS LEQUEL SE TROUVE

LA RELATION EN VERS DU COMBAT DES TRENTE.

———

Ce manuscrit forme un volume petit in-4°, sur Vélin, fatigué, sali, déchiré et raccommodé en plusieurs endroits. Il est d'une écriture ronde, peu régulière, du commencement du quinzième siècle. Il contient 225 feuillets numérotés en chiffres arabes d'une main moderne. Après trois feuillets d'une écriture cursive gothique, qui servent de garde, on lit au bas de la première page du texte :

Ms. de M^{rs}. Bigot, 328.

R. 7595.

2.

On trouve des réclames à la fin de chaque cahier, et chacun de ces cahiers se compose d'un nombre inégal de feuillets. Le volume a été rogné, et plusieurs lettres du haut des pages ont été atteintes. Un certain nombre de feuillets qui conservent des traces d'écriture ont été grattés pour être employés dans le volume, dont les deux derniers feuillets sont blancs. On lit sur le verso du dernier, vers le milieu de la page, ces mots en écriture gothique :

Ce liure appartient a Symon Pierres conseiller en court lay demourant a Vernon sur Seine.

Trois autres feuillets, qui ont été grattés, terminent le volume, et laissent également apercevoir plusieurs lignes d'écriture.

La première page du manuscrit offre seule quelques ornemens grossièrement exécutés à la marge intérieure; ce sont des moitiés de fleurs de lis peintes en rouge et noir. L'initiale L de cette première page, également peinte en rouge et noir, est surmontée d'une couronne. Les autres initiales sont rouges, et toutes les capitales sont rehaussées de traits rouges sur la lettre noire.

Voici l'indication sommaire des pièces contenues dans le volume :

1. *Le Testament de Maistre Jehan de Meun.* Feuillets 1 à 31.

2. *Le Traité de Mellibee et de Prudence sa fame.* F. 32 à 50.

3. *La Bataille de xxx englois et de xxx bretons qui fu faite en Bretaigne.* F. 50 à 58. (*Voyez* le *Fac-simile.*)

4. *La table du liure hystorial des fais* (de) *defunt Mons. Bertran de Guesclin jadis duc de Moulines conte de Longueuille et de Bourge connestable de France de*

pluseurs nobles et Jentils homes estans auecques luy es
guerres. Tant en pluseurs batailles faites contre [1] *les*
englois et naruarrais ennemis du Royaume. F. 59
à 62.

Cette Table contient les sommaires de XLV chapitres, dont le dernier est ainsi conçu :

> *Le xlve chapitre ou quel est contenu la prinse de chastel-*
> *neuf de Randon qui voluntairement si rendi a Bertran*
> *lequel ala jucques de vie a trespassement de sa sepulture*
> *et enterrement a Saint Denis en France : an de grace*
> *mil CCC et iiij^{xx} (1380) le tiers jour daoust.*

> 5. *Le Distie* (de) *Mons. Bertran de Glasguin jadis duc de*
> *Moulines conte de Longueuille de Borge et conestable de*
> *France.* F. 63.

C'est une pièce de vers en l'honneur du héros
breton. Elle ne pouvoit se rencontrer plus heureu-
sement pour n'être pas séparée de celle qui célèbre
les Trente Chevaliers, contemporains du vaillant
Connétable.

---

[1] Les deux mots *faites contre* sont doublés dans le manuscrit.
En d'autres endroits, des mots, des lignes entières ont été rétablies
entre les lignes mêmes ou sur les marges, ou par renvoi, au bas
des pages. Tout annonce que ce manuscrit a été copié avec beaucoup de négligence ou une grande précipitation. Les manuscrits
ne sont pas et ne peuvent pas être plus exempts de fautes que les
livres; mais il y a de bons et de mauvais manuscrits, selon qu'ils
sont exécutés par des scribes plus ou moins intelligens ou soigneux,
comme il existe de bonnes et de mauvaises éditions du même
ouvrage.

Voici cette pièce telle qu'elle se trouve dans le
manuscrit :

LE DISTIE DE MONS. BERTRAN DE GLASGUIN.

Lescu dargent a .J. egle de sable
A .ij. testes et .J. roge baston
Pourtoist li preux le vaillant connestable
Qui de Glaguin Bertran auoist anom
Abron fumes le chevalier breton
Preus et hardi courageux cōme .J. tor
Qui tant serui de lóuial cuer et de bon
Lescu dazur a .iij. flours de lis dor

A lui nestoit cheualier comparable
De proesce son viuant ce dist on
Ne qui tant fust ne bon ne conuenable
Pour gouuerner le bon peuple charlon
Or est il mort dieu li face pardon
Qu'il pleeust adieu que il vesquit encor
Pour denffendre de ce lepart felon
Lescu dazur a .iij. flours de lis dor

Puisque il est mort or soist mis en la table
Machabeus premier preux de renon
Et Josue Dauid le resonnable
Dalisandre destor et asalon
Artus charlles godeffroy de Billon
Or soit nonme le dissieme par delor
Bertran li preux qui serui 9me prodon
Lescu dazur a .iij. flours de lis dor.

VERS SUR LA MORT DE BERTRAND DU GUESCLIN.

L'écu d'argent à un aigle de sable,
A deux têtes et un rouge bâton, [1]
Portoit le preux, le vaillant connétable
Qui de Bertrand Guesclin avoit le nom:
A Broon [2] naquit le chevalier breton,
Preux et hardi, courageux comme un tor, [3]
Qui tant servit de cœur loyal et bon,
L'écu d'azur à trois fleurs de lis d'or. [4]

A lui n'étoit chevalier comparable,
En hauts faits, en vaillance, dit-on,
Ni qui tant fût si bon et convenable
Pour commander le bon peuple Charlon. [5]
Mais il est mort! Dieu lui fasse pardon!
Et plût à Dieu qu'il fût vivant encor
Pour défendre du léopard félon
L'écu d'azur à trois fleurs de lis d'or.

Puisqu'il est mort, qu'il soit mis en la table
De Machabée, premier preux de renom,
De Josué et David le raisonnable,
D'Alexandre, d'Hector et Absalon,

---

[1] Les armoiries de Du Guesclin.

[2] Le château de la Motte-Broon, près de Rennes.

[3] Jeune taureau.

[4] Les armes des Rois de France.

[5] Charles v régnoit alors en France.

D'Arthus, Charles, Godefroy de Bouillon;
Or soit nommé le dixième dès-lors,
Bertrand-le-Preux qui servit en prodon [1]
L'écu d'azur à trois fleurs de lis d'or.

---

[1] En homme habile et sage.

20. *Cy commence le liure de la passion notre Segneur Jehsu-crist.* F. 154 à 192.

21. *Cy cōmence la vanganche notre Segneur Jhesucrist.* F. 192 à 201.

22. *Cy cōmence la vie Saint Sebastien.* F. 201 à 205.

23. *La cause pourquoy no* (on) *doit amer et visiter le saint lieu de Fescamp et deuotement entendre l'histoire du pre-cieus sanc.* F. 205 à 213.

24. *Le miracle du sang qui est en la fiole de cristal — Cōment cest le plesir de Dieu que il ait du sanc de Jhesucrist vers les parties d'ocident u* (au) *saint lieu de Fescamp.* F. 213, verso.

— *Cōment le moine vola un poi* (peu) *du sanc de Fescamp et de l'os de du* (sic) *bras de la Magdaleine.* F. 214.

— *Cōment les pelerins eussent ete mors se le moine neust recōgneu et rēuoye le sanc que il emportoit.* F. 214, verso.

— *Cōment le saint sanc garda de prise et de peril cheli qi le raportoit.* F. 216.

— *Cōmēt sire Godart des Vaus rendi le sanc et los de la Magdalaine alabaie* (à l'abbaye) *de Fescamp.* F. 216, verso.

25. *Pièce sans titre sur une Comète.* F. 217, verso. *Elle commence ainsi :*

> L'an mil. cccc auec deux.
> A la mi jauier (*janvier*) se tu veulx.
> Fut apperceu une comete.
> Qui gectoit un feu merueillex.
> Se sembloit et moult perilleux
> Et trop plus grant que une planete.

Vers occident en la contrée.

Sest la comete demonstrée.

Resplendissant a grand merveille.

Et semble quelle soit queuee.

Pour ce estel comete appellee.

26. *Cy cōmence le dit des trois mors et des trois vis* (vivans).
F. 218, verso, à 221.

27. *Cy cōmence le Mireuer du Monde.* F. 221 à 225.

Cette pièce termine le volume. Ce sont des vers sur la Mort; sujet qui occupoit si souvent les pensées de nos pères[1], et qui n'est peut-être pas assez présent aux nôtres! Cette pièce commence ainsi:

Je vois (*vais*) morir venes auant.

Tout cil qui ore estes vivant.

Jennes et vielz febles et fort.

Nous sōmes tuit (*tous*) iugiez a mort.

Bien pouons dire sans mētir.

Chascun de nous Je vois mourir.

Je vois mourir a mort jugies.

Et tout li mons bien le sachiés.

Cest jugement ne puet (*peut*) desdire.

Ne contre aler tant soit grant sire.

Ceste sentence estuet (*il faut*) tenir.

Sans rappeller Je vois morir.

Je vois morir car je bien say.

Que cendre suy et en cendre yray.

---

[1] *Voyez* les vers *sur la Mort*, par Thibaud de Marly, avec un Avertissement de M. Méon. *Paris*, Crapelet.

La pièce, composée de deux cent soixante-onze vers, se termine par ceux-ci :

> Je vois morir la mort margue.
> Par tout mon corps est espandue.
> Je muir (*meurs*) la mort est ja dedens.
> Qui me fait tout croistre les dens.
> Je muir sy me cōuient taisir.
> De plus parler Je vois morir.
>
> En cest mirouer ma belle gent.
> Qui est moult bele et si est gent.
> Mirez vous mires et vos corps.
> Cest pour vous un biau tresors.

Cy fine le Mireur du Monde.

FIN DE LA DESCRIPTION DU MANUSCRIT.

LE COMBAT

de Trente Englois

ET

de Trente Bretons.

Cy comence la Bataille de trente Englois et de trente Bretons, qui fu faite en Bretaigne l'an de grace mil trois cens cinquante, le sammedi deuant letare Iherusalem.

Seigneurs, or faites paix, chlrs et barons,
Bannerois, bachelers et trestoux nobles hons,
Euesques et abbes, gens de religions,
Heraulx, menestreelx [1], et tous bons compaignons,
Gentilz hons et bourgois de toutes nacions,
Escoutez cest roumant que dire vous voulons.
L'istoire en est vraie, et les dix [2] en sont bons,
Cōment xxx Engloiz hardix cōme lions
Combatirent un iour contre xxx Bretons,
Et pource ien vueil dire le vray et les raisons,
Sy sesbatront souuent gentilz hons et clarions [3]
De cy iusqua cent ans pour vray en leurs maisons.

Bons dix quant ilz sont bons et de bonne centence,
Toux gens de bien, donneur et de grant sapience
Pour ouir et escouter y maitent leur entente ;
Mais faillis [4] et ialoux sy ny veulent entendre.
Or en vueil comenchier et raison en vueil rendre

[1] Baladins, joueurs d'in-strumens.

[2] Discours, sen-tences.

[3] Cleres, sa-vans.

[4] Faux, trai-tres.

De la noble bataille que on a dit de; xxx;

Sy pri a celluy Dieu qui sa char laissa vendre,

¹ Ames. Quil ait mercy des armes ¹ quer le plus sunt en cendre.

² Auray. Quant Dagorne fu mort de cest ciecle de vie,
Deuant Auril ² le fort fu finee sa vie;

De; barons de Bretaingne et de leur compaingnie

Dieu leur face mercy par sa sainte pitie.

En son viuant auoit pour certain ordonne

³ Gaigner, cultiver, labourer. Que menues gens de ville, ceulx qui gaingnent ³ le ble,

Ne seroient de; Englois plus prins ne guerroie;

Quant le baron fu mort, tantost fu oublie,

⁴ Car. Quer ⁴ Bomebourc pour certain est pour luy demoure,

Qui jure saint Thomas que bien sera vengie;

⁵ Pillé, dévasté. Puis a la terre prinse et le pais gaiste, ⁵

⁶ Prit. ⁷ Ploërmel. Et embla ⁶ Pelmel ⁷ a doeul et a vilte;

Bien faisoit de Bretaingne toute sa voulante,

Tant quavint la journee que Dieu oust ordonne

Que Beaumaner le bon qui tant fu alose,

Messire Jhan le sage, le preux et le sene,

Vers les Englois allerent pour parler a senrte.

Sy vit pener chetif; dont il oust grant pitie.

Ly un estoit un chesp, et ly aultre ferre,

Ly autre egresillons et ly aultre en cele

Deux et deux, trois et trois chascun sy fu lie

Coment bouef; et vaches que len maine au marchie.

Quant Beaumanoir le3 vit, du coeur a soupire,
Sy a dit a Bomcbourc par moult tres grant fierte :
Chlrs d'Engleterre, vous faictes grant pechie
De trauailler les poures, ceul3 qui siement le ble,
Et la char et le vin de quoy avon plante ;
Se laboureur nestoient, je vous dy mon pense ;
Le3 nobles conuendroit trauaillier en lere,[1]
Au flaiel et a la houette, et soufrir pourete,
Et ce seroit grant paine quant nest acoustume.
Paix aient dor en avant, quer trop lont endure,
Le testament Dagorne est bientost oublie.

[1] Champs en friche.

Et Bomcbourc sy respont par moult tres grant fierte,
Beaumaner, taisies vous ; de ce naist plus parle.
Montfort sy sera duc de la noble duchie
De Pontorsum a Nantes jusques a Saint Mahé :
Edouart sera roy de Fance couronne,
Englois auront mestrie, partout auront poste[2]
Maulgre tous les Franchois et ceulx de leur coste.
Et Beaumaner respont par grant humilite3 :
Songies un aultre songe, cestui est mal songie,
Quer jamais par tel voie nen aurie3 demy pie.
Bomcbourc, dit Beaumaner, sachie3 certainement
Que toutes vos gouberges[3] sy ne valent noient :
Ceulx qui le plus en dient en sa fin leur mesprent.
Or le faison, Bomcbourc, sil vous plaist sagement ;

[2] Pouvoir.

[3] Forfanteries.

Combaton nous ensembles a un ajournement,
Soixante compaignons, ou iiij ou cent;
Adonc verra on bien pour vray certainement
Qui aura tort ou droit sans aller plus auant.
Sire, ce dit Bourbourc, et je le vous fiant.
Ainsi fu la bataille juree par tel point
Que sans barast [1] ne fraude loiaulment le feront,
Et dun coste et dautre toux a cheval seront.
Sy pri au Roy de gloire qui tout soit [2] et tout voit,
Quil en aist [3] au droit, quer ce en est le point.

1 Perfidie.

2 Sait.

3 Aide.

Or ont ils a Pelmel la bataille juree
A xxx compaingnons chascun de sa mence. [4]
Puis sen vint Beaumaner a la chiere [5] membree;
Au chasteau Josselin la nouuelle a comptee,
Le fait et lenteprinse, maistrey ny a celee
De luy et de Bomebourc coment ellest alee.
La trouua des barons moult tres grant assemblee,
Chacun la mercy Dieu en ont moult merchiee.

4 Suite, parti.

5 Mine, visage.

Seigneurs, dit Beaumaner, sachiez sans doubtance
Quentre Bomebourc et moy auon fait acordance
A trente compaingnons, chacun de grant puissance.
Sy feroit bon choisir qui bien ferroit [6] de lance,
Et de hache, et despee, et de dague pesante:
Sy pry le Roy de gloire, le Dieu de sapience,

6 Frapperoit.

Quaions lauantage, ne seron en doubtance ;
Ases em parlera on en roiaulme de France,
Et par toutes lez terres de cy jusqua Plaisance.
Beaumaner, ont dit les nobilles barons,
Et la cheualerie, seruans et escuiers
Dient a Biaumaner, nous y pron volentiers
Pour destruire Bomebourc et tous sez soudoiers.
Il naura ja de nous ne ranchon ne deniers,
Car nous sommes hardix et vaillans et entiers ;
Nous ferron[1] sur Engloiz de moult grans coux planiers.[2]

[1] Frapperons.
[2] Pleins, entiers.

Prenes quil vous plaira, tres nobile baron.
Je pren Tintiulac, a Dieu soit beneichon ;[3]
Et Guy de Rochefort, et Charuel le bon ;
Guill'e de la Marche sera mon compaignon,
Et Robin Raguenel en non [*] de Saint Yon ;
Caron de Boscdegas que oublier ne doit on ;
Messire Guiffrai de Bones qui est de grant renon ;
Et Oliuier Arel qui est hardy Breton ;
Messire Jehan Rousselot qui a coeur de lion.
Se a eulx ne se deffendent de Bomebourc le felon,
Jamais je nauray joie par mon entecion.

[3] Bénédiction.

---

[*] Le manuscrit porte *en non*, au lieu de *Huon*, ce qui ne peut être qu'une faute de copiste.

Apres convient choisir moult tres noble escuier :
De Montauban Guillé prendray tout le premier,
Et de Tintiulac Alain qui tant est fier,

¹ A estimer.

Pinctinien Tritran qui tant fait aproisier,¹
Alain de Carramois et son oncle Olivier,
Lors Guion y vendra ferir dun branc * dachier,
Luy et le Fonstenois pour leurs corps essoier,
Hanguet Capus le sage ne doit on oublier,
Et Guiffrai de Roche sera fait cevalier
De Brice son bon pere qui ala guerroier
Iusques en Costentinnoble pour grant honneur gaigner.
Se ceulx ne se deffendent de Bourcbourc le merchier

² Réclame.
³ Donne.
⁴ Ceindre.
⁵ Sabre, glaive.

Qui chaillenge ² Bretaingne, Dieu luy dont³ encôbrier !
Iamais ils ne devroient chaindre ⁴ de branc ⁵ dachier.

Choisy a Beaumanoir ainsy com vous ay dit,
Guiffrai Poulart, Morisce de Trisquidy,
Et Guion du Porcblant ne mestroy en oubly,
Et Morisce du Part, un escuier hardy,
Et Guiffray de Beaucorps qui est moult son amy,
Et celuy de Lenlop Guiffray Mellon aussy.
Tous ceulx que il appele luy en rendent mercy ;
Ils sunt tous apût, ils senclinent vers luy.

---

* *Branc*, sabre recourbé qui se tenoit à deux mains ; de *fran-
gere*. La lettre *f* a été changée en *b*.

Apres print Beaumanoir, cest chose sans doubtance,
Iehnot Desserant, Guill'e de la Lande,
Olinier Mouteuile, home de grant puissance,
Et Symonnet Pachart pas ni fera faillance;
Toux y metront leurs coeurs et leurs corps em balance,
Et tant sunt assembles sans nulle demourance.
Dieu lez veueille garder de male pestilence !

Or a choisy Beaumanoir tout son nombre
De xxx bons Brestons, or les gart Dieu de hoi͂te,
Et a leurs anemis auoit[1] Dieu tele enco͂tre   [1] Envoie.
Quilz soient desconfis voiant de tout le monde.

Mons Robert Bomchoure a choysy daultre part
A xxx co͂paingnons dont il auoit grant tart.
Ie vous dyray leurs nons par le corps Saint Benart.
Ly un sy fu Cauolez, Carnalay et Crucart,
Messire Iehan Plansanton, Ridele le gaillart,
Helecoq son frere et Iennequin Taillart,
Rippefort le vaillant, et dilande Richart ;
Tommelin Belifort qui moult sust du renart :
Cil combatoit dun mail qui pesoit bien le quart
De cent liures dachier, se Dieu ait en moy part.
Huceton Clemenbean conbatoit dun fauchart[2]   [2] Sabre courbé.
Qui tailloit dun coste, crochu fu daultre part,
Deuant fu amoure[3] trop plus que nest un dart.   [3] Affilé, aiguisé.

Il poursembloit le; armies jadix roy Agappart
Quant combaty de lance encontre Renouart :
Cil quil ataint a coup lame du corps lui part.
Jennequin Betoncamp, Renequin Herouart
Et Gaule Calmant, Huebnie le Vilart,
Renequin mareschal. Sy mouru celle part,
Thommelin Houalton, Robinet Melipart,
Isanay le hardy, Helichon le musart,
Troussel Robin Ades et Dango le couart,
Et le nepueu Dagorne, fier fu com un liespart,
Et quatre Brebenchons par le corps Saint-Godart,
Perrot de Commelain, Guillemin le gaillart,
Et Ruoutet d'Aspremont ; Dardaine fu le quart.
Bretons descōfiront, ce dient par leur art,
Et cōquerrōt Bretaingne jusquaupres de Dinart.
Mais de fole vantance est maint tenu musart

Or a Robert Bomeboure choysy ses compaignons,
Trente furent par nombre, et de trois nations :
Car xx Englois y oust hardis cōme lions,
Et vj bons Alemans et quatre Brebenchons.
Arme; furent de plates, bacines [1], hauberions ;
Espees ourent et dague; et lance; et fauchons ;
Et Englois jurent Dieu qui souffri passions,
Beaumanoir sera mort, le gentil; et li hons.
Mais ly preux et ly sages fist ses devocions,

Et faisoit dire messes par grant oblacions
Que Dieu leur soit en aide par se; saintismes nons.

Quant le temps fu passe et le jour fu venu
Que rendre se deuoient dessus le pre herbu,
Beaumanoier le vaillant que Dieu croisse en vertu,
Se; compaignons appele quil; vindrent toux à luy,
Et leur fist dire messes, chacun fu absolu, [1]   [1] Absous.
Prinrent leur sacrement en non du Roy Jhū.

Seigneurs, dit Beaumanoier, o le hardy visage,
Ja trouuerois Englois qui sunt de grant courage;
Ils sunt en volente de nous faire doumage;
Sy vous pri et requier chascun de bon courage,
Tenes vous lun à lautre com gent vaillant et sage;
Se Jhucrist vous donne la force et lauantage,
Moult en ara grant joye de France le bernage, [*]
Et le duc debonnaire a qui jay fait houmage,
Et la france [2] duchesse a qui suis de lignage   [2] Noble.
Jamais ne nous haerront a jour de leur aage,
Et chascun jure Dieu qui hons fist ensimage,
Se nous trouuons Bomebourc au plain hors du boscage,
Jamais ne le verra hōme de son lignage.

---

* Assemblée des barons.

Or diroy de Bomcbourc qui tant a exploitie,
De trente compaignons donc il est alie,
Ensemble le3 maine belement droit au pre,
Et leur a dit a toux cest fine verite,

[1] Merlin.   Jay fait lire me3 livre3, Meslin [1] a destine
Que nous aron victoire sur Bretons au jour de,

[2] Libre.   Et puis sera Bretaigne france [2] de verite
Au bon roy Edouart, car je lay ordonne.

[3] Gai.   Seigneurs, ce dit Bomcbourc, soie3 baulx et jolis; [3]
Soie3 seurs et certains que Beaumanoir est prins,
Lui et se3 compaignons pie ny en demourra vis,

[4] Conduirons.   Et puis le3 amerron [4] a Edouart le gentil3,

[5] Envoyés.   Le franc roy d'Engleterre qui cy nous a tramis; [5]

[6] Plaisir.   Sy fera de leurs corps trestout à son deuis; [6]
Nous lui rendron les terres prinses jusqua Paris,
Puis ne nous atedront le3 Bretons vis a vis.
Ainsy le dit Bomcbourc, cestoit tout son auis,
Mais se il plaist a Dieu, le Roy de paradis,
Pas ne vendra sitost a chief de ses deuis.

Or a tant fait Bomcbourc quil est premier venu

[7] Avec.   A [7] xxx compaignons dedens le pre herbu.
A haulte vois sescrie : Beaumanoier, ou es tu;
Je croy bien amentete que tu es defalu,
Desconfist em bataille a riens ne ta tenu.

A yceste parole Beaumanoier est venu.

Beaumanoir, dit Bouebourc, si vous voulons amis,
Renuons ¹ ceste journee et soit ariere mis ,

¹ Changeons.

Et jenuoieray nouueles à Edouart le gentilz,
Et vous yres parler au Roy de Saint Denis ;
Et se le fait leur plaist ainsy com il est prins,
Nous nous rendron ycy un jour qui sera mis.
Sire , dit Beaumanoir, de ce anray ² auis.

² *Enrer*, cher-
cher, quérir.

Beaumanoir le vaillant a la chiere membree ,
Asses gens empnt la nouuelle a cōptee :
Seigneurs, Bourebouc vouldroit la chose remuee ,
Que chascun sen alast sans y ferir collée ; ³

³ Coups.

Sy veueil bien quentre vous men dies ⁴ vo pensee ,

4 Disiez.

Car par ycellui Dieu qui fit ciel et rousee ,
Dendroit moy nen prendroye tout lor dune cⁿtree
Que yceste bataille ne fust faicte et oultree.
Lors parla Charuel ; la couleur a muee ,
Ny oust meilleur de luy de chi la mer salee :
Sire , nous sommes xxx venus en ceste pree,
Ny a celluy qui nait dague, lance et espee ,
Tous praes ⁵ de nous combatre en non saincte homouree

5 Prêts.

A Bouebourc , puis quil a la terre chalengiee
Au franc duc debonnaire , cil ait male duree
Qui jamais sen ira sans y ferir colee ,

Ne qui la remuera pour prendre aultre journee,
Puis respont Beaumaner : ceste chose magree,
Alons a la bataille coment ellest juree.

Volonté, intention.
2 Pour au.

Bomeboure, dit Beaumanoir, vo' orrois mon courage;[1]
Boie; la Charuel o le [2] hardy visage,
Et toux les compaignons, que te seroit hontage
De remuer la bataille quas offerte a oultrage
Auoiz fait au franc duc, qui est courtoiz et sage,
Si jurent chacun Dieu qui hons fist en simage,
Que vous mourrois a honte voiant tout le bernage,
Et vo' et tous vos gens et tout par vre oultrage.

3 Témérité, extravagance.

Beaumanoir, dit Bomeboure, vous faictes grant folie,
Que vous meetes a mort par vre estoutie [3]
La fleur de la duchie par sy tres grant folie :
Car quant ilz seront mors et trespasses de vie,
Jamais en la duchie ne les trouverois mie.

Bomeboure, dit Beaumanoir, pour Dieu ne penses mie
Que jaie cy amene la noble chenalerie;
Lanal, Rochefort, Eleac ny est mie,
Montfort, Rohan, Quntin ne la grant compaignie;
Mais jay bien de certain noblel chenalerie,

4 La fleur des écuyers.

Et de toute Bretaingne la fleur de lescurie [4]
Qui ne daigneroient fuir ne a mort ne a vie,

Ne feroient traison, faulsete ne boudie.[1]

Chacun jure Dieu le filz Sainte Marie

Que vous mourrois a honte voiant la copaignie,

Et vous et toux les vrez, quoique chacun en die,

Serois prins et liez ains loeure[2] de coplie.

Et Bourcbourc sy respont : Je ne prise une aillie[3]

Tretoute vre poste[4] ne vre segneurie;

Car maugre vous ce jour je auray la maistrie,[5]

Et coquerroy Bretaigne et toute Normendie.

[tort :

Bomcbourc dit aux Englois : Seigneurs, Bretons ont
Feres[6], frappez su eulx; mectes tout a la mort :

Gardes que rien ni eschappe ne flebe[7] ne fort.

Dassaillir lez .lx. ilz sunt toux dun acort.

A la premiere fu grant le desconfort :

Charuel sy fu prins, Guiffrai Mellon fu mort,

Et le vaillant Tritran, qui estoit grant et fort,

Fu feru[8] du martel a douleur et a tort;

Messire Jeh' Rousselot fu feru presqua la mort.

Se Jhucrist nen pense qui tout maine a droit port,

Les Bretons ont du piis[9] vers eulx; je men fais fort.

Grande fu la bataille dedens le pre herbu :
Caron de Bosdegas fu du martel confondu,

Et le vaillant Tritran fu a la mort feru.

[1] Perfidie.

[2] Avant l'heure.

[3] Ail.

[4] Puissance.

[5] Domination.

[6] Frappez.

[7] Faible.

[8] Frappé.

[9] Pis.

Lors seseria moult hault : Beaumanoir, ou es tu ;
Les Englois sy men mainent blechie et derompu ;
Je nus onquez paour le jour que tay veu,
Se le vray Dieu nen pense par sa sainte vertu,
Englois sy menmerront et vous maurois perdu.
Beaumanoir jure Dieu qui en crois fu pendu,
Auant y ara il maint rude coup feru,

¹ Percé.   Et rompu mainte lance et perchie ¹ maint escu.

² Glaive, sabre A ces parolez tient le biau branc ² esmoulu,
aiguisé.
Cil quil ataint a coup est mort ou abatu.

³ Vigoureuse- Les Englois radement ³ se deffendent de lu,
ment.
Trestoute sa poste ne prisent un festu.

⁴ Carnage, com- Forte fu la bataille et le chapple ⁴ felon,
bat meurtrier.
Et dun coste et daultre urent coeur de lion ;
Et toux par ordenance firent petticion
Daller toux querre a boire sans nulle arrestezon
Chascun en sa boutaille vin dAnjou y fu bon.
Quant toux urent beu par ordination

⁵ Retard.   Lors vont a la bataille sans faire targison. ⁵

⁶ Au milieu.   Grande fu la bataille en my ⁶ la prarie

⁷ Combat,   Et le chapple orrible et dure lesturmie : ⁷
mêlée.
Les Bretons ont du piis, ne vous mentiray mie,
Car deux sy en sunt mors et trespasses de vie,

⁸ Aide.   Et trois sunt prisonniers o leur soit Dieu en aye. ⁸
Ne sunt que xxv embataille fournie,

Mais Guiffroy de la Roche requiert chevalerie, *

Un escuier moult noble de grant anchesourie, [1]

Et Beaumanoir lui donne en non Sainte Marie,

Et lui dit : Beau doulx filx, or ne tespargne mie ;

Membre toy [2] de celui qui par cevalerie

Fu en Costentinnoble a bele compaignie ;

Et je jure Dieu qui tout a em baillie, [3]

Que Englois la compereront [4] ains loeure de complie.

Et Bomebourc lentendy, ne le prise une aillie

Trestoute leur poste ne leur grant seigneurie.

Ains dit a Biaumanoir par moult grande estoutie : [5]

Rent toy tost, Beaumanoir ; je ne tochiray [6] mie,

Mais je feray de toy un present a mamie,

Car je luy ay promis, ne luy mentiray mie,

Quanjourduy te mectray en sa chambre jolie.

Et Beaumanoir respont : Je le te sour ennie, [7]

Nous lentendon moult bien moy et ma compaignie,

Sil plaist au Roy de Gloire et a Sainte Marie,

A Saint Yues le bon en qui moult je me fie :

[1] Ancienne et noble race.

[2] Souviens-toi.

[3] Garde, puissance.

[4] Payeront.

[5] Hardiesse, fureur.

[6] D'*ochir*, occire, tuer.

[7] J'enchérirai sur toi, je te préviendrai.

---

* Ce vers, dans le manuscrit original, se trouve, par faute du copiste, au bas de la page, après celui-ci :

Sil plaist au Roy de Gloire et a Sainte Marie,

mais il est séparé de ce dernier par une ligne de blanc ; et un renvoi à l'encre rouge indique la place où il doit être rétabli. L'Éditeur de 1819 a maintenu la transposition, sans égard au renvoi.

Or giete tost le de, et sy ne te faing mie;
Sur toy sera hazart, courte sera ta vie.
Alain de Carromois si la bien entendu,

1 Glout, de *gluto*, glouton; terme injurieux.
2 Trompeur.

Et luy dit : Glout[1] trichierre[2], quest ce que pensez tu :
Penses tu a i voir hõme de tel vertu;
Le mien corps te deffie au jourduy de par lu,
Mointenant te ferray de mon glayue esmoulu.
Alain de Carromois loust a present feru
Par deuant de sa lance dont le fer fu agu,
Que parmy le visage, sy que chacun la veu,

3 *Embatre*; enfoncer, entrer.

Iusques en la ceruele lui a le fer embatu.[3]
Il estemdy son glaiue si que Bomcbourc est cheu.
Il sailli sur lez pies et cuida ioindre a lu,
Messire Guiffroy de Bouez si la bien congneu,

4 Rejoint.

Et le fiert dune lance sy quil la aconcheu,[4]
Et Bomcbourc chay mort a la terre abatu.
Sy sescria lez Bouez : Beaumanoir, ou es tu;
De cestu es tu vengie, il giest mort estendu.
Et Beaumanoir respont, que bien la entendu:
Seigneurs, combates fort, le temps en est venu;
Pour Dieu, allez aus aultrez et si laissez cestu.

Or voient bien Englois que Bomcbourc est passes,
Et lorguel de lui cheu et lez grandes fiertes.

5 Devé, *devius*, hors de sens, furieux.

Lors appelle Crucart, un Alemant deves:[5]
Seigneurs, saichies de vray en fine veritez;

Failly nous a Bomebourc qui cy nous a amenez;

Toux les livrez Meslin que il a tant amez,

Ne luy ont pas valu deulx deniers monnoies;

Il gist gueule bee [1], mort et enverses.   [1] Ouverte.

Je vous pry, beaulx seigneurs, fcez com gens membres;

Tenez vous lun a lautre estroitement serres;

Cil qui vendra sur vous soit mort ou affoles; [2]   [2] Blessé, estro-
                                                              pié.

Dieu tant est Beaumanoir marry et courouchies;

Silz ne sunt departis a honte et a vieultez. [3]   [3] Honte, af-
                                                              front.

A yceste parole est Charuel leues,

Et le vaillant Tritran qui moult estoit blechiers;

Caron de Boscdegas le preux et laloses; [4]   [4] Estimé.

Toux trois estoient prisonniers a Bomebourc le deuez,

Mais quant Bourebourc fu mort, ilz furent raquitez;

Chacun prent asses poings le bon branc acherez,

De ferir sur Englois ont bonnes volentez.

Apres la mort Bomebourc le hardy combatant
Fu grande la bataille et ly estour [5] pesant,   [5] Estour; choc,
                                                              mêlée; d'où
Et le chapple orible et mervueilleux et grant.   étourdir,
                                                              verbe.
Apres demoura dam Crucart lalemant,

Et Thomas Belifort y fu côme gueant; [6]   [6] Géant.

Cil combatoit dun mail dachier qui fu pesant,

Et Hue de Carualay sy en faisoit autant.

Messire Robert Canole, qui fu mal engingnant,

Et toux leurs compaignons et chacū ensuiant,

Alemans et Englois se vont toux effroiant,[1]

Et dient : Venions Bomcbourc n̄re loial amant ;

Metton toux a la mort, nalon riens espargnant :

La journee sera n̄re ains le soleil couchant.

Mais Beaümanoir le noble leur fu au vis[2] deuant,

Lui et ses compaignons que il parama[3] tant.

La cōmencha un chapple moult cruel et moult dolent,

Que un quart de lieue entour en va retentissant

Des coups qui sentredonnent sur leurs testes moult grant.

La mourru deus Englois et un bon Alemant,

Et Dardaine da derains ly conuett soudoiant

Fu mort et abatu ens en pre verdoiant.

Aussy Guiffroy Poulart gesoit[4] trestout dormant,

Et Beaumanoir blechie, le hardy combatant ;

Se Jheūcrist nen pense le pere toutpuissant,

Et dun coste et daultre nul nen est eschapant.

Grande fu la bataille et longement dura,

Et le chapple orrible et decha et de la.

Ce fu a un semmedy que le soleil roia,[5]

Lan mil ccc cinquante, croie ment qui vouldra,

Le dimence dapres Sainte Eglise chanta

Letare Jhrm̄ en yce saint temps la.

Forment[6] se cōbatoient, lun lautre nespargna ;

La chaleur fu moult grande, chacun sy tressua ;

De sueur et de sanc la terre rosoya.[7]

[1] D'effroier ; effrayer, avoir peur.

[2] Visage.

[3] Perama ; permare ; aimer beaucoup, chérir.

[4] Étoit couché.

[5] Brilla.

[6] Fortement.

[7] Rougit.

A ce bon semmedy Beaumanoir sy jeuna :
Grant soif oust le baron, a boire demanda.
Messire Guiffroy de Boues tantost respondu a :
Bois ton sanc, Beaumanoir, la soif te passera;
Ce jour aron honneur, chacun sy gaignera
Vaillante renoumee, ja blasmee ne sera.
Beaumanoir le vaillant adonc sesuertua,
Tel deul oust et tel yre que la soif luy passa :
Et dun coste et daultre le chapple comensa;
Mors furent ou blechiez, gaieres nen eschappa.

Forte fu la bataille et le chapple mortel,
My voie de Iosselin et du chasteau da Pelmel,
Dedens un moult beau pre seant sur un ceuel,
Le chesne den my voie, ainsi est son appel,
Le lonc dun genestay [1] qui estoit vert et bel.
La furent les Englois tretoux en un moncel,
Carualay le vaillant, le hardy jouencel,
Et Thoumas Belifort combatoit dun martel;
Cil quil ataint a coup dessus son hasterel, [2]
Iamais ne mengera de miche ne de gastel.
Beaumanoir les regarde, a qui point nen fu bel,
Moult grant deul a de voir deuant lui tel jouel, [3]
Forment fu desconforte, or luy aist [4] Saint Michiel.
Messire Guiffroy de Bouez, qui fu fort et ysnel, [5]
Noblement le conforte com gentil demoisel,

[1] Lieux plantés de genêts.

[2] La nuque du cou.

[3] *Jouel*; joyaux.
[4] Aide.

[5] Léger, dispos.

Et dit : Gentil baron, voiez cy Charnel,
Tintinlat le bon et Robin Raguenel,
Guill'e de la Marche et Olinier Axel,
Et Gui de Rochefort, voiez son pennoncel,
Ny a cellui qui nait lance, espee et coutel :
Toux pres sunt deulx combatre com gentil joencel ; [1]
Encore feront eulx aux Englois doeul nouuel.

Grande fu la bataille, jamais tele norres ;
Forment se contenoient les Englois aliez ;
Home nentre sur eulx ne soit mort ou blechie ;
Toux sont en un moncel com si fussent liez.
De Montauban Guill'e, le preux et laloses,
De lestour est yssu et lez a regardez ;
Grant courage lui print, le coeur lui est enflez,
Et jure Jhücrist qui en crois fu penes, [2]
Sil fust sur un cheual bien monte a son gres,
Tretoux les departist a honte et a vieultez. [3]
Bons esperons trenchans lors caucha [4] en ses piez,
Monta sur un cheual qui fu de grant fiertez,
Et lors print une lance dont le fer fu carrez,
Semblant fist de fuir ly escuier membrez.
Beaumanoir le regarde, puis la aroisonnez, [5]
Et dyt : Amy Guill'e, quest ce que vous penses ;
Côme faulx et mauuais comant vous en alles :
A vous et a vos hoirez vous sera repreuchiez.

[1] Jeune homme.
[2] Tourmenté.
[3] De *vilitas.*
[4] Chaussa.
[5] Adressa la parole.

Quant Guill'e lentent, un ris en a geste3,
A haulte vois parla que bien fu escoute3 :
Besoingnie3, Beaumanoir, franc chlr membre3,
Car bien besoingneray, ce sont toux mes penses.
Lors broche le cheual par flans et par costés
Que le sanc tout vermeil en chay sur les pres;
Par le3 Englois se boute, sept en a trebuchie3; [1]
Au retour en a trois soub3 lui agrauentes, [2]
A ce coup le3 Englois furent espapillies,
Toux perdirent le3 coeurs, cest fine verites.
Qui veult y a choisy, prins et seremente3; [3]
Montauban hault parla quant le3 a regardes,
Montjoie sescria; barons, or y fere3,
Essoies vous tretoux, frans chlrs menbre3.
Tintiniat le bon, le preux et laloses,
Et Gui de Rochefort, Charuel lamorne3,
Tretoux nous copaignons, que Dieu croisse bonte3,
Vengie3 vous de3 Englois tous a vous volente3,

Grande fu la bataille et li estour planier, [4]
Tintiniat le bon estoit tout le premier,
Celluy de Beaumanoir que len doibt renomer,
Que toux jours pour ce fait orraon de lui parler,
De3 Englois ont eu la force et le3 pooste3;
Ly un sunt fiancie [5], ly aultre prisounier.
Canole et Carualay sy sunt en grant dangier,

[1] Renversé, culbuté.

[2] Renversé, abattu.

[3] Pris la parole des prisonniers.

[4] Plein, complet.

[5] Prisonnier sur parole.

3

Et Thoumas Belifort ny oust que courouchier;
Et toux leurs cōpaignons, sans point de la targier,
Par lemprise Bomcboure qui estoit fort et fier,
Messire Iehan Plansantō, Ridele le guerrier,
Hellecoq son frere ne fait a oublier,
Rippefort le vaillant et Dillande le fier,
Au chasteau Iosselin sunt menes sans targier.

1 Vous enten-
drez.
Et pour ceste bataille orrois¹ souuent parler,
2 On sait.
Car len soit² lez bieulx dis et tout par roumande,
Ly uns par lre escripte ou painte en tappichies,
Par trestoux les roiaulmes qui sunt de chi la mer;
Et sen vouldront esbatre maint gentil cheualier,
Et mainte noble dame qui moult a le vis cler,
3 Ber; baron,
seigneur.
Coment len soit dArtus et de Charles le bers,³
De Guill'e au cornair Roulant et Oliuier,
De cy a trois cens ans en vouldront roumander
De la bataille des xxx qui fu fete sans per.

Grande fu la bataille, certez nen doubtez mie;
Englois sunt desconfis qui vouldrent par ennie
Auoir sur lez Bretons poste et seigneurie;
Mais tretout leur orgueil tourna en grant folie.
Si pry a cellui Dieu qui nasqui de Marie
Pour toux ceulx qui furent en celle compaignie,
Soient Bretons ou Englois, partout Dieu en deprie,
Au jour du jugement que dampnez ne soient mie,

Saint Michiel, Gabriel, ce jour leur soit en aie,
Or en dites amen tretoux que Dieu loctroie.

Cy fine la bataille de xxx Englois et de xxx Bretons
qui fu faite em Bretaigne lan de grace mil trois
cens cinquante le semmedi denant letare Iherusalem.

LE

COMBAT DES TRENTE,

D'APRÈS

LE MANUSCRIT DE LA BIBLIOTHÈQUE DU ROI.

Ici commence la Bataille de trente Anglois contre trente Bretons, qui eut lieu en Bretagne l'an de grâce mil trois cent cinquante, le samedi veille du dimanche Lætare Jerusalem. [1]

Seigneurs, Chevaliers et Barons, Bannerets [2], Bacheliers [3], et vous tous, nobles hommes, prêtez attention ! Évêques, Abbés, Religieux, Hérauts, Ménestrels [4], et tous les braves gens; Gentilshommes et Bourgeois de tous les pays, écoutez notre récit ! Nous

---

[1] Le 27 mars 1351 (nouv. st.).

[2] *Bannerets;* chevaliers qui avoient assez de vassaux pour former une compagnie, et avoient droit de porter bannière à la guerre.

[3] *Bacheliers;* étudians dans les armes, les sciences ou les arts; gentilhomme qui, n'étant pas chevalier, aspire à l'être.

[4] *Ménestrels;* joueurs d'instrumens, chanteurs, musiciens; hommes qui parcouroient les villes et les châteaux, et amusoient le public en racontant des aventures.

vous dirons comment un jour trente Anglois, hardis
comme des lions, combattirent contre trente Bretons;
et comme je rapporterai fidèlement toutes les circon-
stances de ce combat, dans cent ans encore il sera
le sujet des entretiens des gentilshommes et des gens
instruits, qui s'en réjouiront dans leurs foyers.

Tous les hommes de bien, d'honneur et de grande
sagesse se plaisent beaucoup aux récits qui offrent de
bons préceptes et de bons exemples; mais les envieux,
les gens sans foi et sans honneur, n'en sont nullement
touchés. Or, je veux commencer, et entrer dans l'explication de la noble Bataille qu'on a appelée des *Trente,*
priant notre Seigneur Jésus-Christ d'avoir miséricorde
des âmes des combattans, car le plus grand nombre est
en poussière. [1]

Dagorne [2] avoit perdu la vie devant le château d'Auray, où il avoit été défait par des Barons de Bretagne

---

[1] En effet, tous les chevaliers du combat des Trente n'étoient
pas morts à l'époque où l'auteur écrivit cette Relation, puisque
Froissart dit avoir vu à la table du Roi Charles V plusieurs de
ces chevaliers, dont le visage « montroit bien que la besogne fut
« bien combattue », entre autres, Yves Charruel.

[2] Thomas Daggeworth, capitaine anglois qui commandoit le
château d'Auray pour la comtesse de Montfort. Il fut tué dans un
engagement contre Raoul de Cahors, capitaine françois pour
Charles de Blois.

et leurs troupes. (Dieu leur fasse miséricorde par sa sainte pitié!) De son vivant, il avoit assuré et ordonné que les marchands de la ville, et les cultivateurs, ne seroient plus attaqués ni pris par les Anglois. Après sa mort, cette promesse fut bientôt oubliée; car Bembrough, son successeur, a juré, par saint Thomas, que bien certainement il sera vengé. Et bientôt après, il a pris des terres, a ravagé le pays, et s'est emparé de Ploërmel, qu'il a rempli de deuil et de misère. Il ne suivoit que sa volonté en Bretagne, jusqu'à ce qu'enfin arriva la journée que Dieu avoit ordonnée, où Beaumanoir, de si grand renom, accompagné du preux, vaillant et sage Jean, alla vers les Anglois pour demander sûreté contre ces désordres. Ils virent maltraiter de pauvres habitans, dont ils eurent grand pitié; les uns avec des fers aux pieds et aux mains, les autres attachés par les pouces, tous liés deux à deux, trois par trois, comme bœufs et vaches que l'on mène au marché. Beaumanoir les vit, et son cœur soupira; et s'adressant à Bembrough avec fierté : « Chevaliers d'Angleterre, vous vous ren-« dez bien coupables de tourmenter les pauvres habi-« tans, ceux qui sèment le blé, et qui nous procurent « en abondance le vin et les bestiaux. S'il n'y avoit pas « de laboureurs, je vous dis ma pensée, ce seroit aux « nobles à défricher et à cultiver la terre en leur place, « à battre le blé et à endurer la pauvreté; et ce seroit « grande peine pour ceux qui n'y sont point accoutu-« més. Qu'ils aient la paix dorénavant; car ils ont trop

« souffert de ce que l'on a sitôt oublié les dernières
« volontés de Dagorne. »

Bembrough lui répond avec la même fierté : « Beau-
« manoir, taisez-vous; qu'il ne soit plus question de cela.
« Montfort sera duc du noble duché, depuis Pontorson
« jusqu'à Nantes et à Saint-Mahé. Édouard sera Roi
« de France, et les Anglois étendront partout leur do-
« mination et pouvoir, malgré tous les François et leurs
« alliés. » A quoi Beaumanoir répond avec modération :
« Songez un autre songe, celui-ci est mal songé; car
« jamais, par une telle voie, vous n'en auriez un
« demi-pied. Bembrough, continue Beaumanoir, soyez
« certain que toutes vos bravades ne valent rien : ceux
« qui disent le plus ne peuvent pas soutenir jusqu'au
« bout ce qu'ils ont avancé. Or, Bembrough, agis-
« sons, s'il vous plaît, sagement. Prenons jour pour
« combattre ensemble soixante, quatre-vingts ou cent
« de nos compagnons : on verra bien alors, sans aller
« plus avant, qui de nous aura tort ou raison. — Sire,
« dit Bembrough, je vous en donne ma foi. » C'est ainsi
que la bataille fut jurée, pour combattre loyalement,
sans perfidie ni ruse; et des deux côtés, tous seront à
cheval. Prions le Roi de Gloire, qui sait et voit tout,
de soutenir le bon droit; car c'est là le point important.

Ils sont aussi convenus, à Ploërmel, qu'ils amene-

roient chacun de leur côté trente combattans. Beaumanoir est ensuite revenu à Josselin avec un visage
assuré. Il a raconté la nouvelle, le fait et l'entreprise,
et il n'a rien caché de ce qui s'est passé entre lui et Bembrough. Un grand nombre de Barons étoient rassemblés,
et tous rendirent de grandes actions de grâces à Dieu.

« Seigneurs, dit Beaumanoir, apprenez que, Bem-
« brough et moi, nous sommes convenus de choisir
« trente guerriers des plus valeureux et des plus ha-
« biles à manier la lance, la hache et la dague ' pesante.
« Prions le Roi de Gloire, le Dieu de Sagesse, de nous
« donner l'avantage; nous serons certains du succès. Le
« bruit s'en répandra par tout le royaume de France
« et dans tous les pays, d'ici jusqu'à Plaisance. » Les
nobles Barons, ainsi que les Chevaliers, Écuyers et
Soldats, répondent à Beaumanoir : « Nous irons vo-
« lontiers pour abattre Bembrough et tous ses soldats,
« et jamais il n'aura de nous ni rançon ni deniers; car
« nous sommes hardis, vaillans et opiniâtres, et nous
« frapperons sur les Anglois à grands coups bien appli-
« qués. Prenez ceux qu'il vous plaira, très noble Baron.
« — Je prends Tinteniac; Dieu soit béni ! et Guy de

' Sorte d'épée d'un tiers plus courte que l'épée ordinaire, et
plus large; elle se portoit attachée droite à la ceinture, du côté
droit ou sur les reins; on s'en servoit à peu près comme d'un
poignard.

« Rochefort, et Charruel-le-Bon, Guillaume de La
« Marche, et Robin Raguenel, Huon de Saint-Yvon,
« Caro de Bodegat, que je ne dois pas oublier; messire
« Geoffroy du Bois, de grand renom, et Olivier Arrel,
« qui est hardi Breton; messire Jean Rousselot, au cœur
« de lion. Si ceux-là ne se défendent vaillamment contre
« le félon Bembrough, je serai bien trompé dans mon
« attente.

   « Il faut maintenant choisir les plus nobles écuyers,
« et je prendrai tout le premier Guillaume de Montau-
« ban, et Alain de Tinteniac, qui est si brave; et Tristan
« de Pestivien, si digne d'estime; Alain de Keranrais et
« son oncle Olivier; Louis Goyon y viendra frappper
« de sa redoutable épée, ainsi que Fontenay, pour es-
« sayer leurs forces; Hugues Capus-le-Sage ne peut être
« oublié, et Geoffroy de La Roche sera fait chevalier,
« lui dont Budes, le brave père, alla combattre jusqu'à
« Constantinople par amour de la gloire. Si de tels guer-
« riers ne se défendent bien contre l'avide Bembrough
« qui dispute la Bretagne (Dieu fasse échouer ses des-
« seins!), jamais ils ne devroient s'armer d'une épée. »

   Voilà ceux que Beaumanoir a choisis d'abord. Je n'ou-
blierai pas Geoffroy Poulard, Maurice de Tréziguidi [1],

---

[1] On lit dans le manuscrit original *Trisquidy*, et non *Tronquidy*,
comme il est imprimé dans l'édition de 1819.

et Guyon de Pontblanc, ni le brave écuyer Maurice du Parc, et son ami Geoffroy de Beaucorps, non plus que l'ami de Lenlop, Geoffroy Mellon. Tous ceux qu'il a appelés lui en rendent grâce ; ils sont tous présens, et s'inclinent vers lui pour le remercier.

Beaumanoir prit ensuite, et c'est chose certaine, Jean de Serent, Guillaume de La Lande, Olivier Monteville, homme d'une grande force, et Simon Richard, qui se comportera bien. Tous s'y conduiront avec autant de force que de courage. Ils se sont tous rassemblés aussitôt. Dieu les préserve de tous fâcheux accidens !

C'est ainsi que Beaumanoir a choisi les trente bons Bretons ; Dieu les garde de déshonneur ! Et puisse-t-il envoyer à leurs ennemis un tel désavantage qu'ils soient défaits aux yeux de tout le monde !

Sire Robert Bembrough, de son côté, a eu beaucoup de peine à choisir trente combattans. Je vous dirai leurs noms, j'en atteste saint Bernard : c'étoient Knolles, Caverlay et Croquart, Jean Plesanton, Richard-le-Gaillard, Helcoq son frère, Jennequin-Taillard, Repefort-le-Vaillant, Richard de La Lande et le rusé Thommelin Bélifort, qui combattoit avec un maillet de fer qui pesoit bien vingt-cinq livres, je l'atteste. Hucheton de Clamaban combattoit avec un fauchart tranchant d'un côté, garni de crochets de l'autre, et plus aiguisé qu'un dard [1]; il ressembloit au roi Agapart quand il combattit jadis avec la lance contre Renouart : tous ses coups sont mortels. Jennequin de Betonchamp, Hennequin Hérouart et Gaultier Lallemant, Hubineté Vitart, Hennequin-le-Maréchal, Thommelin Hualton, Robinet Mélipart, Isannay-le-Hardi, Hélichon-le-Musart, Troussel, Robin Adès et Rango-le-Couart, Dagorne le neveu, fier comme un léopard; et quatre Brabançons, j'en atteste saint Godard! Perrot de Gannelon, Guillemin-le-Gaillard, Boutet d'Aspremont et Dardaine. A les entendre, ils mettront en pièces les Bretons, et se rendront maîtres de la Bretagne jusqu'auprès de Dinan; mais un étourdi montre toujours une vaine jactance.

Tels sont les combattans que Bembrough a choisis au nombre de trente, et de trois nations différentes; car il s'y trouve vingt Anglois, courageux comme des lions; six bons Allemands et quatre Brabançons; tous couverts de plates [2], de bacinets [3] et de hauberjons [4], et

---

[1] Cette arme étoit montée sur un manche de bois de six à sept pieds de long.

[2] Gantelets de lames de fer.

[3] Casques de fer très légers. On désignoit par le nom même de *bacinets*, les hommes de guerre qui les portoient, comme on dit aujourd'hui des cuirassiers.

[4] Cotte de mailles qui couvroit la poitrine jusqu'au défaut des côtes, et descendoit jusqu'aux genoux : les nobles et les chevaliers avoient seuls le droit de la porter.

armés d'épées, de dagues, de lances et de fauchons [1].
Les Anglois jurent par Jésus-Christ que le noble et
vaillant Beaumanoir sera exterminé ; mais lui, preux et
sage, fait de grandes dévotions, fait dire des messes,
priant Dieu par tous ses saints noms qu'il leur soit en
aide.

Quand le jour fixé pour le rendez-vous fut venu, le
vaillant Beaumanoir, que Dieu le fasse croître en vertu !
appelle tous ses compagnons auprès de lui, et leur fait
dire des messes. Tous reçoivent l'absolution, et com-
munient au nom du Roi Jésus.

« Seigneurs, dit Beaumanoir avec un fier visage, vous
« allez avoir affaire contre des Anglois de grand cou-
« rage, et qui veulent notre perte. Je vous prie, et
« requiers chacun de vous, d'avoir bonne contenance.
« Tenez-vous près l'un l'autre comme gens vaillans et
« sages ; si Jésus-Christ vous donne la force et l'avantage,
« tous les Barons de France en auront grande joie ; et le
« Duc débonnaire [2] à qui j'ai fait hommage, et la noble
« Duchesse à qui je suis allié, nous estimeront tou-
« jours. Jurons tous Dieu, qui fit l'homme à son image,
« que si nous trouvons Bembrough dans la plaine, hors

---

[1] Sorte d'épée courbe, en forme de faucille, à peu près comme
le cimeterre des Turcs.

[2] Charles de Blois.

« du bocage, jamais personne de sa famille ne le re-
« verra. »

Cependant Bembrough, qui est parvenu à réunir
trente combattans, les mène tranquillement droit au
pré, et leur dit, c'est la pure vérité : « J'ai fait lire
« mes livres; Merlin nous promet aujourd'hui la vic-
« toire sur les Bretons, et je vous assure que la Bre-
« tagne sera délivrée, et appartiendra au bon Roi
« Édouard; car je l'ai résolu.

« Seigneurs, ajoute Bembrough, ayez confiance et
« réjouissez-vous; soyez sûrs et certains que Beauma-
« noir sera pris, lui et ses compagnons; qu'il en restera
« peu de vivans, et que nous les aménerons après au
« gentil Édouard, le brave Roi d'Angleterre, qui nous
« a envoyés ici. Il les traitera tous selon son plaisir;
« nous lui remettrons toutes les terres que nous pren-
« drons jusqu'à Paris, et les Bretons ne nous attendront
« pas face à face. » Ainsi parloit Bembrough, comme il
le pensoit; mais, s'il plaît à Dieu, le Roi de Paradis, il
ne réussira pas de sitôt dans ses projets.

Bembrough cependant est arrivé le premier sur le
pré avec ses trente guerriers. Il s'écrie : « Beaumanoir,
« où es-tu ? Je crois bien que déjà tu es en défaut; et
« cependant tu aurois été vaincu en combattant, si
« tu avois voulu ! » Comme il achevoit ces mots,

Beaumanoir est arrivé. « Beaumanoir, dit Bembrough,
« soyons amis, si vous voulez ; remettons cette journée
« à une autre fois : j'enverrai prendre les ordres du
« noble Édouard, et vous vous adresserez au Roi de
« Saint-Denis ', et s'ils nous permettent le combat,
« nous nous rendrons ici à un jour fixé. — Sire, dit
« Beaumanoir, je prendrai avis sur ce que vous me
« proposez. »

Le vaillant Beaumanoir, d'une contenance fière, vient
apporter cette nouvelle à ses guerriers. « Seigneurs,
« leur dit-il, Bembrough voudroit ajourner l'affaire,
« et que chacun s'en allât sans avoir frappé un coup.
« Veuillez tous m'en dire votre pensée ; car, pour moi,
« j'en atteste le Dieu qui a fait le ciel et la rosée, je ne
« voudrois pas pour tout l'or du monde que cette ba-
« taille ne fût faite et achevée. » Charruel, tout ému
de colère, prend alors la parole, car il n'y avoit pas de
meilleur chevalier jusqu'à la mer. « Sire, nous sommes
« venus trente en ce lieu ; nous avons tous dague, lance
« et épée ; nous sommes tous prêts à combattre Bem-
« brough, de par saint Honoré, puisqu'il dispute le
« pays au bon et brave Duc. Périsse bientôt celui qui
« voudroit quitter sans en être venu aux mains, ou qui
« voudroit ajourner le combat ! — Je le veux bien,

' Le Roi de France, que l'auteur désigne ici par Saint-Denis, pa-
tron de la France, premier évêque de Paris.

« répond Beaumanoir; allons à la bataille ainsi qu'elle a
« été jurée.

— « Bembrough, dit Beaumanoir, écoutez ma réso-
« lution; entendez ce que disent Charruel au fier visage,
« et tous ses compagnons, qu'il seroit honteux pour
« vous de remettre la bataille que vous avez offerte sans
« raison au noble Duc, qui est courtois et sage. Ils
« jurent tous, par le Dieu qui fit tous les hommes à sa
« ressemblance, que vous mourriez honteusement de-
« vant tous les Barons, vous et tous vos gens, et cela
« par votre faute.

— « Beaumanoir, dit Bembourgh, c'est grande folie,
« oui, c'est très grande folie à vous de causer, par votre
« témérité, la mort de la fleur de la Duché; car quand
« elle aura péri, et ne sera plus de ce monde, jamais
« vous n'en retrouverez de semblables dans la Bre-
« tagne. — Bembrough, dit Beaumanoir, pour Dieu,
« ne croyez pas que j'aie amené ici tous nos chevaliers.
« Laval, Rochefort, Lohéac n'y sont point; ni Mont-
« fort, ni Rohan, ni Quentin, ni tant d'autres; mais
« il est bien vrai que j'ai avec moi de nobles chevaliers,
« et la fleur des écuyers de toute la Bretagne, qui ne
« daigneroient pas fuir pour sauver leur vie, et qui
« sont incapables de trahison, de fausseté et de per-
« fidie. Ils jurent tous, par le fils de sainte Marie,
« que vous mourrez ignominieusement à leur aspect,

« et que vous et tous les vôtres ; quoi que vous en di-
« siez, serez pris et garottés avant l'heure de Com-
« plies. »

Bembrough lui répond : « Toute votre puissance et
« vos chevaliers, je les prise moins qu'une gousse d'ail ;
« car ce jour même, et malgré vous, j'aurai tout pou-
« voir, et je me rendrai maître de la Bretagne et de
« toute la Normandie. » Puis, s'adressant aux Anglois :
« Seigneurs, les Bretons ont tort ; frappez sur eux ;
« mettez-les tous à mort : gardez qu'aucun n'échappe,
« ni foibles ni forts. »

Les soixante guerriers sont impatiens d'en venir aux
mains. Le premier choc est terrible et funeste : Charruel
est fait prisonnier, Geoffroy Mellon est frappé à mort,
et le vaillant Tristan, robuste et de haute stature, reçoit un violent coup de maillet ; messire Jean Rousselot
est grièvement blessé. Les Bretons, il est trop vrai, ont
le dessous, si Jésus-Christ, par qui tout réussit, ne les
protége.

Le combat fut terrible dans la plaine. Caro de Bodegat est atteint d'un coup de maillet, et le vaillant Tristan, frappé dangereusement, s'écrie : « Beaumanoir,
« où es-tu ? voilà les Anglois qui m'entraînent, blessé et
« meurtri ? Je n'ai jamais eu de crainte quand je me suis
« trouvé avec toi. Si le vrai Dieu ne me secourt par sa

4

« puissance, les Anglois m'emmeneront, et vous m'aurez
« perdu. »

Beaumanoir jure, par Jésus-Christ, qu'auparavant il
y aura de rudes coups portés, mainte lance rompue, et
maint écu percé. Et à ces mots il lève sa grande épée
tranchante : chacun de ceux qu'il atteint est mort ou
renversé. Les Anglois lui résistent avec vigueur, et
méprisent ses efforts. Le combat est violent et meurtrier,
et des deux côtés les combattans montrent cœur de lion.
Tous convinrent d'une suspension pour aller se désal-
térer un instant avec le bon vin d'Anjou que chacun
a dans sa bouteille; et, après en avoir tous bu, ils re-
viennent aussitôt au combat.

Le bataille fut terrible au milieu de la prairie, et le
carnage affreux, et rude fut la mêlée. Les Bretons ont
le désavantage, je veux dire ce qui est vrai; car deux
ont perdu la vie et trois autres sont prisonniers : Dieu
leur soit en aide! Il ne reste que vingt-cinq combattans.
Mais Geoffroy de La Roche, écuyer de très noble et
ancienne race, demande la chevalerie; et Beaumanoir
le fait chevalier, au nom de sainte Marie, et lui dit:
« Beau doux fils, ne t'épargne pas; souviens-toi du
« chevalier qui se signala à Constantinople [1] au milieu

---

[1] Beaumanoir rappelle à Geoffroy de La Roche les exploits de
son aïeul Budes de La Roche, au siége de Constantinople et en
Grèce.

« de tant de braves guerriers ; et je jure Dieu, qui tient
« tout sous sa puissance, que les Anglois la payeront
« (sa chevalerie) avant l'heure de Complies. » Bembrough l'a entendu ; mais il redoute peu la valeur des
chevaliers bretons, et dit à Beaumanoir avec audace :
« Rends-toi vite, Beaumanoir ; je ne te tuerai pas ;
« mais je te donnerai en présent à ma mie ; car je lui ai
« promis, et je ne mentirai point, qu'aujourd'hui je
« t'amenerois devant elle. » Beaumanoir lui répond :
« C'est aussi mon intention, et nous l'entendons bien
« ainsi, moi et mes compagnons, s'il plaît au Dieu de
« Gloire, à sainte Marie, au bon saint Yves en qui j'ai
« toute confiance ! Jette donc le dé, et ne ménage rien ;
« le hasard tombera sur toi : tu ne vivras pas long-
« temps. »

Alain de Keranrais l'a aussi entendu, et lui dit :
« Misérable, quelle est ta présomption ! tu te flattes
« d'emmener prisonnier un homme d'un tel courage !
« c'est moi qui te défie aujourd'hui en son nom, et qui
« te frapperai de mon glaive tranchant. » Au même
instant Alain de Keranrais lui porte droit au visage un
coup de fer de sa lance, dont la pointe, comme chacun
l'a vu, pénètre jusqu'à la cervelle. Il tire son glaive, dès
que Bembrough est tombé. Celui-ci se relève, s'avance
sur lui ; mais messire Geoffroy Du Bois, qui l'a re-
connu, le frappe aussitôt de sa lance ; et Bembrough est
renversé mort à terre. Du Bois s'écrie alors : « Beau-

« manoir, où es-tu? Te voilà vengé de lui; il gît étendu
« mort. » Beaumanoir, qui l'a bien entendu, répond :
« Seigneurs, voilà le moment de redoubler d'ardeur
« au combat! Pour Dieu, joignez les autres, et laissez
« celui-ci. »

Cependant les Anglois ont vu que Bembrough est
mort, et sa jactance abattue ainsi que sa grande présomption. Alors l'allemand Croquart, animé de courroux, s'écrie : « Seigneurs, il est trop vrai, Bembrough
« qui nous a conduits ici, vient de succomber. Tous les
« livres de Merlin, qu'il aimoit tant à consulter, ne lui
« ont pas valu deux deniers; il gît bouche béante, ren-
« versé mort. Je vous en prie, beaux Seigneurs, com-
« portez-vous en hommes de cœur. Tenez-vous étroite-
« ment serrés l'un contre l'autre, et que quiconque
« vous approchera tombe mort ou blessé. Dieu! com-
« bien Beaumanoir sera mécontent et courroucé si
« ses ennemis ne sont pas réservés à la honte et au
« mépris! » Aussitôt Charruel s'est relevé, ainsi que le
vaillant Tristan, qui étoit grièvement blessé, et le preux
et honoré Caro de Bodegat. Tous trois étoient prisonniers de l'insensé Bembrough; mais ils furent délivrés
dès que Bembrough fut mort. Ils se sont tous armés de
leur bon glaive tranchant, et ils ont bonne volonté de
frapper sur les Anglois.

Après la mort du vaillant Bembrough, la bataille

recommença avec fureur; le choc fut terrible, et le carnage épouvantable. Restoit alors maître Croquart l'allemand, et Thommelin Bélifort, qui sembloit un géant,
et qui combattoit avec un lourd maillet d'acier, ainsi
que Hue de Caverlay; le rusé messire Robert Knolles,
et tous ses compagnons, Allemands et Anglois, pleins
de courroux, s'excitent mutuellement par ces paroles :
« Vengeons Bembrough, notre loyal ami; qu'ils périssent
« tous; pas de grâce pour un seul : la victoire sera à
« nous avant le soleil couchant. »

Mais le noble Beaumanoir marche droit à eux avec
ses compagnons qu'il chérit tant. Alors recommence un
combat si cruel et si acharné, que le bruit des coups
qu'ils s'entre-donnent sur leurs têtes retentit à un quart
de lieue dans la plaine. Déjà deux Anglois et un brave
Allemand sont morts; et Dardaine, le dernier désigné
des combattans, a été renversé mort sur le pré; ainsi
que Geoffroy Poulard, qui dort étendu mort comme les
autres. Le vaillant Beaumanoir est blessé; et si Jésus-
Christ, le Père Tout-Puissant, ne prend pitié d'eux, il
n'en réchappera pas un seul d'un côté ni de l'autre.

Le combat fut long et opiniâtre, et des deux côtés le
carnage horrible. Ce fut un samedi de l'année mil trois
cent cinquante, me croie qui voudra, avant le dimanche
où la sainte Église chante *Lætare Jerusalem*, en ce
saint temps. Le soleil brilloit; ils combattoient rude-

ment, et ne s'épargnoient pas: La chaleur étoit excessive ;
ils étoient tout en sueur : la terre fut arrosée de sueur
et de sang. Ce jour-là Beaumanoir avoit jeûné, et
comme le Baron avoit grande soif, il demanda à boire ;
à quoi Geoffroy Du Bois répondit sur-le-champ : « Bois
« ton sang, Beaumanoir, ta soif se passera. L'honneur
« de cette journée nous restera; chacun y gagnera vail-
« lante renommée dont le souvenir ne s'effacera jamais. »
Le vaillant Beaumanoir, ranimé par ces paroles, reprit
vigueur, et il étoit tellement irrité par la colère et par
la perte de ses compagnons, qu'il oublia sa soif. De
part et d'autre l'attaque recommença; presque tous
furent tués ou blessés.

Le combat fut terrible et meurtrier à mi-voie de
Josselin et du château de Ploërmel, dans une très belle
prairie en pente, au lieu dit le *Chêne de mi-voie,* le
long de beaux et verts buissons de genêts. C'est là que
tous les Anglois sont réunis et étroitement serrés; le
vaillant Caverlay, jeune et hardi jouvencel, et Thommelin Bélifort, qui combattoit avec un maillet : qui en
est frappé sur le col ne mangera ni pain ni gâteau.
Beaumanoir ne les voit pas sans inquiétude, et ne juge
pas sans déplaisir ce que leur contenance a de redoutable. Il étoit grandement déconforté, si saint Michel
ne fût venu à son aide. Sire Geoffroy Du Bois, fort
et dispos, le ranime noblement, en vrai gentilhomme,
et lui dit : « Gentil Baron, voyez ici Charruel, le bon

« Tinteniac et Robin Raguenel, Guillaume de La Marche
« et Olivier Arel; voyez le pennoncel [1] de Gui de Ro-
« chefort : il n'en est aucun qui n'ait lance, épée, poi-
« gnard. Ils sont tous prêts à combattre comme braves
« gentilshommes, et ils feront encore nouveau deuil
« aux Anglois. »

La bataille fut terrible; jamais vous n'en entendrez raconter de pareille. Les Anglois se tenoient
fortement serrés; et chaque guerrier qui les attaque
tombe mort ou blessé : ils se tiennent tous comme s'ils
étoient liés en un faisceau [2]. Le preux et renommé Guillaume de Montauban s'est retiré du combat après avoir
jugé leur position; il sent son cœur animé d'un grand

[1] *Pennoncel*, étendard, enseigne; et de là *panonceau*, qui repré-
sente des écussons, des armoiries, comme on en voit aujourd'hui
devant les études de notaires.

[2] Peu s'en fallut que cette contenance des Anglois ne leur valût
l'honneur de la journée. L'ardeur et l'impétuosité des Bretons se
seroit bientôt épuisée contre cette muraille de fer, et, lassés de
frapper, ils seroient eux-mêmes tombés sous les coups de leurs
ennemis, dès leur première attaque. C'est ainsi que dans les
funestes journées de Crécy et de Poitiers, le sang-froid et la discipline des troupes angloises, triomphèrent du nombre, et de la
valeur des armées françoises; de même qu'à Fontenoy, une
colonne d'infanterie angloise soutint le choc de tous les régimens
françois qui vinrent successivement se briser contre sa masse iné-
branlable, jusqu'à ce qu'enfin, entamée par l'artillerie, elle fut
forcée à la retraite, qu'elle opéra, en se repliant, toujours serrée et
en bon ordre. L'histoire offre ainsi dans tous les genres les plus

courage, et jure par Jésus-Christ, qui souffrit sur la croix,
que s'il étoit monté sur un bon cheval tel qu'il le désire,
la bataille tourneroit à la honte et à la confusion des Anglois. Lors il chausse de bons éperons, monte un cheval
plein d'ardeur, et prend une lance à fer carré. Le vaillant écuyer fait semblant de fuir. Beaumanoir, qui le
regarde, lui crie : « Ami Guillaume, à quoi pensez-
« vous? Comment fuyez-vous comme un faux et mau-
« vais écuyer? Il vous sera reproché à vous et à votre
« race. » Ces paroles font sourire Montauban, qui lui
répond à haute voix : « Besognez, franc et vaillant

---

utiles leçons, qui, trop souvent, restent sans fruit pour les
peuples. Une Société littéraire françoise avoit proposé, il y a
quelques années, pour sujet d'un concours, d'indiquer les meil-
leurs moyens d'utiliser les soldats en temps de paix. Entre autres
idées que ce sujet pouvoit fournir, il s'en présente une qui n'aura
pas échappé sans doute aux concurrens. Ce seroit de donner aux
soldats, dans les garnisons, une éducation morale, sous les rap-
ports militaires, qui leur apprît à assurer davantage leur propre
conservation en face de l'ennemi. Ainsi, dans chaque régiment,
on établiroit des conférences dans lesquelles des officiers instruits
et expérimentés développeroient l'histoire des batailles mémo-
rables, expliqueroient les causes du succès et de la défaite, et
démontreroient par des faits généraux et particuliers, que l'ordre,
l'assurance et la discipline, ont plus souvent triomphé que la seule
valeur et l'impétuosité sans frein. Sans doute le soldat françois
oublieroit bientôt au feu les détails de la leçon; mais des exemples
resteroient dans sa mémoire, et à la première réflexion, il se sou-
viendroit que ce n'est pas sa seule existence, mais celle de toute
l'armée, que peut compromettre un seul mouvement trop préci-
pité.

« chevalier, car de mon côté j'ai l'intention de bien
« besogner. » Lors il pique les flancs de son cheval avec
une telle force, que le sang tout vermeil ruisselle sur
la terre. Il pousse au travers des Anglois, en renverse
sept du premier choc, et trois sous ses pieds au retour.
A ce coup les Anglois furent rompus; tous perdirent
courage, c'est certain; chaque Breton fait à son gré son
prisonnier et reçoit sa parole. Montauban s'écrie en
les regardant : « Montjoie, Barons! frappez, essayez-
« vous tous, francs et renommés chevaliers; et vous,
« Tinteniac, bon et preux chevalier, et Guy de Roche-
« fort, et tous nos compagnons, que Dieu nous aug-
« mente ses bontés! Vengez-vous des Anglois comme
« vous le voudrez. »

La bataille fut grande et la mêlée complète. Le bon
Tinteniac, parmi les combattans de Beaumanoir, eut la
plus grande gloire, et nous entendrons toujours parler
de lui pour cette action. Les Anglois ont perdu la force
et la puissance. Les uns sont prisonniers sur parole, et
les autres emmenés. Knolles et Caverlay sont en grand
danger, ainsi que Thommelin Bélifort, malgré son courroux; et de là, sans tarder, tous leurs compagnons,
par suite de l'entreprise du courageux et fier Bembrough : Jean Plesanton, Raoul-le-Guerrier, Helcoq,
son frère, qu'il ne faut pas oublier; le vaillant Repefort et le fier de La Lande, sont conduits aussitôt
au château de Josselin. Vous entendrez souvent par-

ler de cette bataille, car on en connoît tous les détails, soit par récit, soit par écrit, soit par repré-
sentations en tapisserie, dans tous les royaumes que
borne la mer. Maint gentil Chevalier s'en voudra
récréer, et aussi mainte noble dame renommée par sa
beauté, comme l'on fait des actions d'Artus et du vaillant Charlemagne, de Guillaume au court nez, de
Roland et d'Olivier; et dans trois cents ans encore on
racontera l'histoire de la Bataille des Trente qui n'a pas
sa pareille.

La bataille fut grande, n'en doutez pas. Les Anglois,
qui voulurent par envie avoir sur les Bretons puissance
et seigneurie, sont abattus, et tout leur orgueil a tourné
en grande folie. Prions Dieu, né de Marie, pour tous les
combattans, soit Bretons, soit Anglois. Prions Dieu
qu'ils ne soient pas damnés au jour du jugement; que
saint Michel et saint Gabriel les protégent dans ce grand
jour, et disons tous *amen* pour que Dieu leur accorde
cette grâce.

Ici finit la Bataille de trente Anglois et de trente
Bretons, qui eut lieu en Bretagne l'an de grâce
mil trois cent cinquante, le samedi avant Lætare
Jerusalem.

LE

COMBAT DES TRENTE,

ÉXTRAIT

DES CHRONIQUES DE FROISSART.

LE

COMBAT DES TRENTE.

EXTRAIT

DES CHRONIQUES DE FROISSART. [1]

Comment messire Robert de Beaumanoir alla défier
le capitaine de Ploërmel, qui avoit nom Bran-
debourg, et comment il y eut une rude bataille
de trente contre trente.

En cette propre saison avint en Bretagne un moult
hault fait d'armes que on ne doit mie oublier; mais le
doit-on mettre en avant pour tous bacheliers encoura-
ger et exemplier. Et afin que vous le puissiez mieux

---

[1] Ce morceau ne se trouvoit imprimé dans aucune des éditions
françoises ou angloises des Chroniques de Froissart, lorsque
M. J. A. Buchon l'a publié dans sa Collection des *Chroniques*
nationales et étrangères (Tome III, 1824, VIIᵉ *Addition*). Il fait
partie de plusieurs additions qui ont été restituées au texte de
Froissart, d'après un manuscrit du prince de Soubise, qui, sous
ce rapport, se trouve parfaitement conforme au texte de deux
autres manuscrits que possédoit M. Johnes, en Angleterre. Les
Chapitres pour les années 1350, 1351, 1352, 1353, 1354, 1355,
et une partie de l'année 1356, avoient été remplacés dans les
divers manuscrits, et jusqu'alors, dans toutes les éditions de

entendre, vous devez savoir que toudis [1] étoient guerres
en Bretagne entre les parties des deux dames [2], comment que messire Charles de Blois fut emprisonné. Et
se guerroyoient les parties des deux dames par garnisons
qui se tenoient ens [3] ès chateaux et ens ès fortes villes
de l'une partie et de l'autre. Si avint un jour que
messire Robert de Beaumanoir, vaillant chevalier dure-
ment et du plus grand lignage de Bretagne, et étoit
chatelain d'un chatel qui s'appelle chatel Josselin, et
avoit avec lui grand'foison de gens d'armes de son

Froissart, par un extrait des grandes chroniques de Saint-Denis,
qui comprenoit la même période. S'il pouvoit encore exister le
moindre doute sur l'authenticité du combat des Trente, motivé
sur ce que les historiens bretons n'en ont parlé que sur la foi d'un
seul manuscrit de 1470, le passage que nous mettons sous les yeux
du lecteur suffiroit pour confirmer pleinement la réalité de ce fait
d'armes, puisqu'en supposant que Froissart même ne fût pas
l'auteur de ce chapitre, il n'en resteroit pas moins constant que le
manuscrit de Soubise est de la fin du quatorzième siècle ou du
commencement du quinzième, de même que la Relation en vers.

    [1] Toujours.

    [2] La comtesse alors veuve de Jean de Montfort, et Jeanne de
Penthièvre, femme de Charles de Blois, qui avoit été fait prisonnier à la bataille de la Roche-Derrien. Ces deux héroïnes se mirent
à la tête des partisans de leurs maris, pour défendre leurs droits
respectifs. La guerre de la succession de Jean III dura plus de vingt
ans. Commencée en 1341, elle ne finit qu'en 1364 par la bataille
d'Auray, dans laquelle Charles de Blois fut tué par un soldat
anglois, après avoir fait des prodiges de valeur.

    [3] Dans.

lignage et d'autres soudoyers; si s'en vint par devant
la ville et le chatel de Plaremiel[1] dont capitaine étoit
un homme qui s'appeloit Brandebourg (Bembrough);
et avoit avec lui grand'foison de soudoyers Allemands,
Anglois et Bretons, et étoient de la partie de la comtesse de Montfort. Et coururent le dit messire Robert et
ses gens par devant les barrières, et eut volontiers vu
que de dedans fussent issus hors; mais nul'n'en issit.

Quand messire Robert vit ce, il approcha encore de
plus près et fit appeler le capitaine. Cil vint avant à la
porte parler audit messire Robert et sur asségurance
d'une part et d'autre : « Brandebourg, dit messire
« Robert, a-t-il là dedans nul homme d'armes, vous ni
« autres, deux ou trois, qui voulussent joûter de fer de
« glaives contre autres trois pour l'amour de leurs
« amis. » Brandebourg répondit, et dit : « Que leurs
« amis ne voudroient mie que ils se fissent tuer si
« méchamment que d'une seule joûte; car c'est une aven-
« ture de fortune trop tôt passée, si en acquiert-on
« plutôt le nom d'outrage et de folie que renommée
« d'honneur ni de prix; mais je vous dirai que nous
« ferons, si il vous plaît. Vous prendrez vingt ou trente
« de vos compagnons de votre garnison, et j'en pren-
« drai autant de la nôtre. Si allons en un bel champ, là
« où nul ne nous puisse empêcher ni destourber[2], et

[1] Ploërmel. — [2] Troubler.

« commandons, sur la hart, à nos compagnons d'une
« part et d'autre, et à tous ceux qui nous regarderont,
« que nul ne fasse à homme combattant confort ni aye [1];
« et là endroit nous éprouvons et faisons tant que on
« en parle au temps avenir en salles, en palais, en places
« et en autres lieux par le monde; et en aient la fortune
« et l'honneur cils à qui Dieu l'aura destiné.

— « Par ma foi, dit messire Robert de Beaumanoir,
« je my accorde; et moult parlez ore vassament [2]. Or
« soyez vous trente, et nous serons nous trente aussi, et
« le créante [3] ainsi par ma foi. — Aussi le créanté-je,
« dit Brandebourg, car là acquerra plus d'honneur,
« qui bien s'y maintiendra, que à une joûte. »

Ainsi fut cette besogne affermée et créantée; et
journée accordée au mercredi après, qui devoit être le
quart jour de l'emprise. Le terme pendant, chacun
élisit les siens trente, ainsi que bon lui sembla, et tous
cils soixante se pourvurent d'armures ainsi que pour
eux bien et à point.

Quand le jour fut venu, les trente compagnons Brandebourg ouïrent messe, puis se firent armer et s'en
allèrent en la place de terre là où la bataille devoit
être, et descendirent tous à pied et défendirent à tous

---

[1] Aide. — [2] Bravement. — [3] Promets.

ceux qui là étoient que nul ne s'entremît d'eux pour chose ni pour meschef que il vit avoir à ses compagnons, et ainsi firent les trente compagnons à monseigneur Robert de Beaumanoir. Cils trente compagnons, que nous appellerons Anglois, à cette besogne attendirent longuement les autres, que nous appellerons François. Quand les trente François furent venus, ils descendirent à pied et firent à leurs compagnons le commandement dessus dit. Aucuns disent que cinq des leurs demeurèrent à l'entrée de la place [1], et les vingt-cinq descendirent à pied si comme les Anglois étoient. Et quand ils furent l'un devant l'autre, ils parlementèrent un peu ensemble tous soixante, puis se retrairent [2] arrière, les uns d'une part et les autres d'autre, et firent toutes leurs gens traire [3] en sus de la place bien loin. Puis fit l'un d'eux un signe, et tantôt se coururent sus et se combattirent fortement tout en un tas, et rescouoient [4] bellement l'un l'autre quand ils véoient leurs compagnons à meschef.

Assez tôt après ce qu'ils furent assemblés, fut occis l'un des François, mais pour ce ne laissèrent mie les autres se combattre, ains [5] se maintinrent moult vassement d'une part et d'autre aussi bien que tout fussent Rolands et Oliviers. Je ne sais à dire à la vérité « cils se

---

[1] C'est-à-dire du lieu fixé pour le combat.
[2] Se retirèrent. — [3] Aller. — [4] Secouroient. — [5] Mais.

« maintinrent le mieux et cils se firent le mieux », ni n'en ouïs oncques nul priser plus avant de l'autre; mais tant se combattirent longuement que tous perdirent force et haleine et pouvoir entièrement. Si les convint arrêter et reposer, et se reposèrent par accord les uns d'une part et les autres d'autre, et se donnèrent trèves jusques adonc qu'ils se seroient reposés, et que le premier qui se releveroit rappelleroit les autres. Adonc étoient morts quatre François et deux des Anglois. Ils se reposèrent longuement d'une part et d'autre, et tels y eut qui burent du vin que on leur apporta en bouteilles, et restreignirent leurs armures qui déroutées [1] étoient, et fourbirent [2] leurs plaies.

Quand ils furent ainsi rafraîchis, le premier qui se releva fit signe et rappela les autres. Si recommença la bataille si forte comme en devant et dura moult longuement, et avoient courtes épées de Bordeaux roides et aiguës, et espois [3], et dagues, et les aucuns haches; et s'en donnoient merveilleusement grands horions, et les aucuns se prenoient aux bras à la lutte, et se frappoient sans eux épargner. Vous pouvez bien croire qu'ils firent entre eux mainte belle appertise d'armes, gens pour gens, corps à corps, et mains à mains. On n'avoit point en devant, passé avoit cent ans, ouï recorder la chose pareille.

---

[1] Défaites. — [2] Pansèrent. — [3] Épieux.

Ainsi se combattirent comme bons champions et se tinrent cette seconde empainte [1] moult vassamment; mais finalement les Anglois en eurent le pire. Car ainsi que je ouïs recorder, l'un des François qui demeuré étoit à cheval les débrisoit et défouloit trop mésaisement, si que Brandebourg leur capitaine y fut tué et huit de leurs compagnons, et les autres se rendirent prison quand ils virent que leur défendre ne leur pouvoit aider, car ils ne pouvoient ni devoient fuir. Et le dit messire Robert et ses compagnons qui étoient demeurés en vie, les prirent et les emmenèrent au chatel Josselin comme leurs prisonniers, et les rançonnèrent depuis courtoisement, quand ils furent tous resanés [2], car il n'y en avoit nul qui ne fût fort blessé, et autant bien des François comme des Anglois. Et depuis je vis seoir à la table du Roi Charles [3] de France un chevalier breton qui été y avoit, messire Yewains Charruel [4], mais il avoit le viaire [5] si détaillé et découpé qu'il montroit bien que la besogne fut bien combattue; et aussi y fut messire Enguerrant Duedins [6], un bon chevalier de

[1] Attaque. — [2] Guéris.

[3] Charles v, surnommé *le Sage*, qui monta sur le trône en 1364.

[4] Yves Charruel, qui avoit été fait prisonnier dès le commencement de l'action, et qui étoit revenu au combat après la mort de Bembrough. — [5] Visage.

[6] D'Eudin. Ce nom ne se trouve dans aucune des listes données par les différens historiens, non plus que le troisième, dont il est fait mention ici, Hue de Raincevaux.

Picardie qui montroit bien qu'il y avoit été, et un autre bon écuyer qui s'appeloit Hues de Raincevaus. Si fut en plusieurs lieux cette avenue contée et recordée. Les aucuns la tenoient à pauvreté et les aucuns à outrage et grand'outrecuidance. [1]

---

[1] C'est-à-dire que suivant les uns, cette bataille étoit sans importance, et suivant les autres, que c'étoit une action extraordinaire et d'une grande hardiesse ou témérité.

FIN DE LA RELATION DE FROISSART.

MONUMENT

ÉLEVÉ

EN MÉMOIRE DU COMBAT DES TRENTE.

MONUMENT

ÉLEVÉ

EN MÉMOIRE DU COMBAT DES TRENTE.

Sur le bord de la route de Ploërmel à Josselin, étoit placée une croix en pierre d'à peu près cinq pieds de hauteur, que l'on appeloit *Croix de la Bataille des Trente*. Suivant la tradition, ce petit monument avoit été élevé sur la place même où se trouvoit autrefois un chêne qui avoit été désigné par les combattans pour fixer le lieu du rendez-vous. C'étoit le fameux chêne de Mi-Voie, tombé de vétusté depuis environ deux cents ans. La Croix étoit elle-même tombée en 1775; mais M. Martin d'Aumont, alors Commissaire des États de Bretagne, fut autorisé à la faire relever aux frais de la province; et cette réparation, qui n'eut lieu qu'en 1776, coûta vingt-quatre livres dix sous [1]. On replaça à la base de la Croix la pierre sur laquelle est gravée cette inscription :

A. LA. MÉMOIRE. PERPÉTVELLE.

DE. LA. BATAILLE. DES. TRANTE.

QVE. MGR. LE. MARESCHAL. DE. BEAVMANOIR.

A. GAGNÉE. EN. CE. LIEV. L'AN. 1350.

---

[1] *Dictionnaire historique et géographique de la province de Bretagne*, par M. *Ogée*, tome II, page 298; *Nantes*, 1779, in-4°.

Déjà, en 1774, M. le vicomte de Toustain-Richebourg avoit proposé d'élever en place de la Croix qui menaçoit ruine, un monument de plus grandes dimensions. L'exécution en fut proposée aux États de Bretagne, qui, sans rejeter la proposition, ne déterminèrent rien sur son adoption ; et le projet n'eut pas de suite.

Dès les premiers temps de la Révolution (en l'an II), la Croix fut renversée et détruite ; et la pierre sur laquelle se trouve l'inscription, cassée en deux morceaux, resta abandonnée sur le sol avec les autres débris. Ce n'étoit pas à une époque de troubles et de discordes civiles, que l'on pouvoit penser à relever un monument à la mémoire de trente généreux Bretons qui s'étoient autrefois dévoués pour délivrer leurs concitoyens de l'oppression et du pillage de l'étranger. Une oppression plus cruelle pesoit alors sur toute la France ; les plus nobles familles de la Bretagne étoient forcées elles-mêmes d'aller demander aux Anglois un asyle pour les descendans des Trente preux, proscrits et fugitifs.

Cependant de tous côtés le peuple Breton venoit contempler les restes de l'ancien monument, et s'affligeoit de voir qu'ils étoient menacés d'une entière destruction.

En 1811 (*séance du 2 août*), le Conseil de l'Arrondissement de Ploërmel, interprète des sentimens de tous les habitans, adressa au Conseil général du Département la proposition suivante :

« Le Conseil de l'Arrondissement de Ploërmel, instruit
« que de toutes les parties de la Bretagne, un nombre
« infini de curieux se rendent au Chêne de Mi-Voie,
« situé à mi-chemin de Ploërmel à Josselin, pour y
« rechercher l'ancien monument qui y avoit été élevé à
« l'effet de perpétuer le souvenir de la fameuse bataille
« des Trente, si célèbre dans les Annales bretonnes, dans
« laquelle, le 27 mars 1351, trente Bretons, sous la con-
« duite du brave Beaumanoir, combattirent et défirent
« trente Anglois commandés par Bembrough, a souvent
« gémi d'avoir vu renverser par le vandalisme la Croix
« portant l'inscription mémorative de cet événement qui
« honore la nation bretonne ; il croit devoir à l'honneur
« et à l'amour de son pays, de faire recueillir les pierres
« de l'ancienne inscription, et élever un obélisque dans
« lequel elles seront réunies et placées suivant leur ordre
« ancien. Il demande en conséquence qu'une somme de
« six cents francs soit prélevée sur les centimes addition-
« nels de l'arrondissement, pour être affectée à l'érection
« d'un nouveau monument, et qu'au surplus M. le Sous-
« Préfet de l'Arrondissement sera invité à ouvrir une
« souscription, dont le produit lui offrira les moyens de
« donner à cet obélisque toute la grandeur et tout l'éclat
« possible. »

« *Signé* GAILLARD, BROBANT, CHAYE, DINEL, HERVÉ
DE LA PROVOSTAYE, J. M. PIERRES, PROULEAU,
WOIRDYE. »

Le Conseil général (*session de 1811, séance du
19 août*), applaudissant à la proposition faite par le Con-

seil d'Arrondissement de Ploërmel, pria Son Exc. le Ministre de l'Intérieur d'autoriser l'application de 2400 fr. que ce Conseil votoit, pour le rétablissement du monument, concurremment avec les autres moyens indiqués par le Conseil d'Arrondissement de Ploërmel. Les événemens de 1812 et de 1813 éloignèrent encore l'exécution de ce projet.

Le Conseil général a exprimé le même vœu aux sessions de 1814, de 1816, de 1817, de 1818 et de 1819.

Signé ALLAIN, Maire d'Hennebont.

AUDOUYN DE KERNARS, Maire de Moréac.

BOULLAYS, Membre du Conseil municipal d'Auray.

BOURDON, Négociant à Lorient.

CHARDEVEL, Procureur du Roi près le tribunal de Ploërmel.

CORDON, Négociant à Lorient.

Le Chevalier DE GOURDAN, Maire de la Croix-Helléan, Lieutenant de louveterie au département du Morbihan.

DE NANTOIS, Chevalier de Saint-Louis.

Le Comte DE PERRIEN, Chevalier de Saint-Louis, Maire de Landévant.

DE TUAULT, Officier de la Légion-d'Honneur, Président du tribunal de Ploërmel.

DOYEN, Juge de paix au Faouët.

Le Comte DU BOTDÉRU, Chevalier de Saint-Louis et de la Légion-d'Honneur, Lieutenant de louveterie au département du Morbihan.

DUCHESNE DU TAY, Chevalier de Saint-Louis, Maire de Glénac.

Le Marquis DUPLESSIS DE GRÉNÉDAN, Chevalier de Saint-Louis, Maire de Ménéac.

FEBVRIER, Contrôleur des contributions directes, en retraite.

FROGERAYS.

R. M. Jollivet, Procureur général du Roi près la Cour Royale d'Angers.

A. Lauzer.

Le Doüarain de Lémo, Chevalier de Saint-Louis, Maire d'Augan.

Le Febvrier, Juge d'Instruction au tribunal de Vannes.

Lemaillaud.

Le Mintier, Marquis de Léhélec, Chevalier de Saint-Louis, Colonel de cavalerie en retraite.

Lemir, Négociant à Lorient.

Le Portz, Notaire royal à Baud.

Loaisel-Dupaty, Juge de paix à Rochefort.

Martin, Négociant à Auray.

Maudet de Penhouet, Chevalier de Saint-Louis, Colonel de gendarmerie en retraite.

Morand, Négociant à Vannes.

J. F. M. Piou, Ingénieur en chef au Corps Royal des Ponts et Chaussées.

Louis Ponsard, Jurisconsulte.

Puillon-Boblaye, Président du tribunal de Pontivy.

Quifistre, Marquis de Bavalan, Chevalier de Saint-Louis, Lieutenant-Colonel de cavalerie en retraite.

Robert, Juge d'Instruction au tribunal de Ploërmel, Membre de la Chambre des Députés.

L. Sevène, Commissaire du Roi près le tribunal maritime de Lorient.

Thomas de Mauduit, Propriétaire à Hennebont.

Le 11 juillet 1819 fut enfin fixé pour la pose de la première pierre du nouveau monument. C'est un obélisque d'un mètre soixante centimètres (4 pieds 9 pouces) à la base, d'un mètre au sommet (3 pieds 1 pouce), et de quinze mètres (46 pieds) de hauteur, construit en granit par assises de soixante centimètres (1 pied 8 pouces) de hauteur. Il est placé au centre d'une étoile plantée

d'arbres, qui a environ soixante-dix toises de diamètre.
La pierre qui porte l'inscription de l'ancien monument a
été placée dans l'enceinte et auprès de l'obélisque, sur
lequel on lit :

Au levant, du côté de Ploërmel.

SOUS LE RÈGNE DE LOUIS XVIII, ROI DE FRANCE ET DE NAVARRE,
LE CONSEIL GÉNÉRAL DU DÉPARTEMENT DU MORBIHAN A ÉLEVÉ
CE MONUMENT A LA GLOIRE DE XXX BRETONS.

Au couchant, du côté de Josselin.

LA MÊME INSCRIPTION EN LANGUE CELTIQUE.

Au midi.

LES NOMS DES TRENTE.

Au nord, du côté de la route de Paris à Lorient.

27 MARS 1351.

La cérémonie de la pose de la première pierre fut vrai-
ment imposante, et par la réunion des fonctionnaires et
des personnages les plus marquans du Département, et
par le concours de spectateurs réunis au nombre de plus
de dix mille de toutes les parties de la Bretagne. On peut
juger par la lecture du Procès-Verbal de cette cérémonie,
avec quel enthousiasme les vrais Bretons ont salué ce jour
de fête.

PROCÈS-VERBAL

DE LA CÉRÉMONIE DE LA POSE DE LA PREMIÈRE PIERRE DU MONUMENT

DE LA BATAILLE DES TRENTE.

Nous *Augustin-Jean-Baptiste-Louis-Marie* Comte DE CHAZELLES, Baron de Lunac, Officier de l'Ordre royal de la Légion-d'Honneur, Préfet du département du Morbihan, et *Jacques-François-Marguerite* PIOU, Ingénieur en chef de première classe au corps royal des ponts et chaussées, membre du Conseil général du département du Morbihan, rapportons nous être transportés, en conformité des ordres de Son Exc. Monseigneur le Comte DECAZES, Pair de France, Ministre-Sécrétaire d'État au département de l'intérieur, sous la date du 13 mai dernier, ce jour, 10 du mois de juillet 1819, en la ville de Ploërmel, à l'effet de procéder le lendemain à la pose de la première pierre du monument dont le Conseil général du département a voté l'érection dans la lande de Mi-Voie, lieu où s'est livrée, le 27 mars 1351, la mémorable bataille de trente Bretons contre trente Anglois.

Arrivés en cette ville, nous avons trouvé M. le Comte DE COUTARD, Commandeur de l'Ordre royal de la Légion-d'Honneur, Chevalier de Saint-Louis et du Mérite militaire de Bavière, Lieutenant-Général des armées du Roi, commandant pour Sa Majesté la treizième division militaire, qui s'y étoit rendu, en vertu de l'autorisation à lui donnée par Son Exc. le Ministre-Secrétaire d'État au département de la guerre, le 29 juin dernier.

Nous étant immédiatement réunis, nous sommes partis pour Josselin, où Monseigneur DE BAUSSET, Évêque de Vannes, Archevêque-élu d'Aix, a célébré l'office de commémoration qui avoit été annoncé par le programme.

Ce jour 11 juillet, nous Lieutenant-Général, Préfet et Ingénieur en chef, nous sommes réunis à dix heures du matin en l'hôtel de la mairie de Josselin. Nous étant transportés en l'église paroissiale, accompagnés de MM. les Fonctionnaires de l'ordre civil et militaire ci-après dénommés, Monseigneur l'Évêque de Vannes a prononcé le discours suivant :

MESSIEURS,

« La religion et l'honneur ont posé les fondemens de la monarchie françoise.

« Ce fut dans les plaines de Tolbiac, que l'honneur et la religion s'unirent pour élever le royaume des Francs au plus haut degré de grandeur et de prospérité où nul autre n'étoit parvenu.

« Clovis, vainqueur des Gaulois, en recevant le bap-tême des mains de saint Remi, unit à sa couronne ces filles du ciel; Charlemagne, Saint-Louis et Louis XIV la firent briller d'un plus grand éclat, et jusqu'à nos jours rien n'a pu le ternir.

« L'honneur, malgré nos discordes, fut toujours l'apa-

nage des soldats françois ; et dans les temps les plus mal-
heureux, on put s'écrier avec François rᵉʳ : *Tout est perdu
fors l'honneur*.

« Il est vrai que pendant quelques siècles, la France,
partagée en plusieurs souverainetés, parut moins puis-
sante. Cependant la religion et l'honneur dominèrent
toujours dans les différens États qui se formèrent sous les
faibles successeurs de Charlemagne ; ils en furent les plus
fermes appuis, et leurs Souverains accordèrent toujours à
la piété et à la valeur les plus grands priviléges.

« Nous le voyons dans toutes nos histoires, et surtout
dans celle de Bretagne. Ce fut sous ses plus illustres
Princes qu'on compta le plus de saints et le plus de
héros.

« Quelques uns de ces saints et plusieurs de ces évêques
étoient du sang royal : saint Judicaël, saint Josse, saint
Morice, étoient de ce nombre.

« Saint Salomon, dont l'église cathédrale de Vannes
se glorifie de posséder les reliques, et dont elle célèbre
aujourd'hui la fête, régnoit sur l'Armorique en 434.
Aussi distingué par son amour pour son peuple que par
son attachement au christianisme, il fut victime de
quelques factieux irrités contre ce saint Roi, parce qu'il
vouloit détruire des coutumes barbares et impies ; ils
l'immolèrent traîtreusement, sans qu'il leur opposât la
moindre résistance. L'Église et la Bretagne lui ont décerné

la palme du martyre. La France a rendu le même hommage à la mémoire de celui qui vécut et mourut comme
lui.

« D'autres saints Évêques ou Abbés ont donné leurs
noms à des villes qui leur doivent en partie leur existence.

« Une terre inculte, des marais ou des forêts impéné-
trables, qui leur étoient concédés pour leur fournir une
modeste retraite, ont été les berceaux de quelques unes
de ces cités renommées par leur commerce et leur indus-
trie.

« Voilà une partie de ce que la religion a fait parmi
nous pour la société.

« Elle aime aussi à s'associer à la patrie, pour honorer
la mémoire des grands hommes qui l'ont illustrée par
leur valeur et par leurs exploits. Les Livres saints nous
en fournissent un grand nombre d'exemples; ils célèbrent
les victoires de Josué, de David, des Machabées; et le
Dieu du ciel et de la terre aime à être appelé le Dieu des
armées.

« Nos plus grands orateurs ont fait retentir les chaires
sacrées des éloges des Turenne, des Condé.

« Une croix avoit été élevée sur le mémorable champ
de bataille où trente Bretons firent sentir la force de
leurs bras à trente Anglois, lorsque ces fiers insulaires

vouloient asservir la Bretagne et lui ravir son légitime Souverain.

« Le combat de ces trois illustres Romains vainqueurs des Curiaces, a été célébré par les muses de la poésie et de l'histoire, et celui de ces héros dont les noms vivent encore dans plusieurs de leurs descendans, et ont tant de droits à l'immortalité, commençoit à être oublié.

« Mais enfin dans ce jour solennel, où nous allons rendre de nouvelles actions de grâces à Dieu pour avoir ramené une seconde fois l'héritier de tant de Rois dans sa capitale, nous paierons à ces preux la dette de la reconnoissance.

« Leurs mânes vont sans doute tressaillir en voyant cette plaine, qu'ils ont rendue si fameuse, couverte d'une multitude innombrable accourue de toutes parts pour applaudir à leur nouveau triomphe. Peut-être s'y trouvera-t-il aussi quelque héritier de leur nom ; quoi qu'il en soit, ils ont beaucoup d'imitateurs de leur courage et de leur fidélité ; et la Bretagne, si fière de ses Beaumanoir, de ses Clisson, de ses Duguesclin, et de tant d'autres dont les faits d'armes ornent depuis des siècles les pages de nos histoires, peut compter, ainsi que toute la France, un grand nombre de braves qui, comme eux, sauroient combattre et mourir pour leur légitime Souverain : j'en prends à témoin notre illustre Général et tous les guerriers qui l'entourent.

« La part qu'ils prennent à cette fête, à laquelle leur présence et l'appareil militaire qui l'accompagne donnent tant d'éclat, ajoute encore, s'il est possible, à la haute idée que nous avions de leurs sentimens, dont ils ont déjà donné tant de preuves.

« Mais, pour la rendre encore plus respectable à un peuple aussi loyal que religieux, le premier Magistrat de ce département, si distingué par son dévoûment au Roi et à son auguste famille, et si connu par ses talens et le zèle qu'il apporte dans son administration, a désiré que la religion la munît de son sceau.

« Il sait que ces noms sacrés, *Dieu et le Roi,* ont toujours été la devise des bons et généreux François, et que Beaumanoir et ses compagnons d'armes reçurent, avant de combattre, le pain des forts.

« Il sait que les païens eux-mêmes associoient la Divinité à toutes leurs entreprises, et gravoient son nom sur tous leurs monumens.

« Ce sera donc en invoquant le nom du Dieu de Clovis et de Saint-Louis, que nous bénirons la première pierre de celui qui doit transmettre à la postérité la plus reculée le souvenir et le nom des trente Chevaliers bretons auxquels il est consacré, avec celui des Administrateurs de ce département qui ont eu la noble idée de le leur élever.

« Mais, en attendant le moment où nous procéderons à

cette auguste cérémonie, le pasteur de cette paroisse va offrir le saint sacrifice pour remercier le Tout-Puissant des bienfaits sans nombre dont il ne cesse de combler la France et la Bretagne.

« Après avoir donné à ces États, quand ils étoient séparés, des Princes dignes de lui, il a voulu que la blancheur des hermines se confondît en celle des lis, et que les François et les Bretons fussent unis par des liens d'autant plus forts, qu'ils étoient cimentés par les nœuds des deux peuples.

« C'est ce qui fait que les Rois de France ont toujours trouvé dans cette province des soutiens de leurs droits et de leur couronne, et qu'aujourd'hui, comme par le passé, ses fidèles habitans seroient prêts à donner leur vie pour le soutien des Bourbons et de la légitimité.

« Mais jamais cette antique dynastie, qui règne depuis plus de huit cents ans sur notre belle patrie, n'aura besoin de défenseurs; celui qui oseroit l'attaquer auroit lui seul à combattre toute la France.

« Car elle est lasse de révolutions et d'agitations; elle ne soupire plus qu'après le bonheur de jouir en paix de la fertilité de son sol, de la beauté de son climat qui attire chez elle tant d'étrangers, et surtout de l'exercice d'une religion céleste qui, seule, peut maintenir la paix dans l'État et dans la société, en ordonnant de rendre à César ce qui est à César, et à Dieu ce qui est à Dieu. Puisse-t-elle bannir de tous les cœurs la haine, la prévention et les inimitiés, et rallier au pied des autels tous les François, afin qu'ils y fassent les vœux les plus ardens pour le Roi, pour son auguste famille, et pour l'union de tous les cœurs! »

M. Caradec, curé de Josselin, a ensuite célébré une messe solennelle pour le Roi. [1]

A trois heures après midi, le cortége s'est assemblé sur la grande place de la ville de Josselin, et s'est dirigé vers Mi-Voie dans l'ordre qui étoit prescrit. Lorsque tout le monde a été en place, M. le comte de Coutard s'est exprimé en ces termes :

« TREIZIÈME DIVISION,

« En concourant par vos dons volontaires à l'érection du monument qui doit transmettre à la postérité l'héroïsme des trente Bretons qui, en 1351, surent combattre et vaincre sur ce même terrain, vous vous êtes associés à ces fidèles Morbihannois qui l'ont voté dans leur Conseil général.

« Il appartenoit aux braves de 1819 d'honorer la vaillance des preux de 1351, dont l'histoire a perpétué le souvenir : dégagée par le temps des passions contempo-

---

[1] Monseigneur l'Évêque de Vannes, ayant fait le matin une ordination pour le diocèse de Saint-Brieuc, n'a pu dire lui-même la messe.

raines, elle s'enrichira également un jour de tous les faits
d'armes qui ont illustré notre âge ; déjà même le Mo-
narque a revendiqué tout ce qui s'est fait de grand, de
noble, de généreux pour la patrie, quelle que fût la
bannière qui guida la valeur.

« Réunis par l'estime et la confiance, comme le Roi
nous unit lui-même dans son affection, le bonheur de la
France, le nôtre, celui de nos derniers neveux est à
jamais assuré par la stabilité d'un trône dont l'hérédité
est garantie par la Charte.

« La race des braves de 1351 ne s'est pas éteinte ; les
générations l'ont perpétuée en Bretagne ; l'entière sou-
mission aux lois, autant que la courageuse fidélité de ses
habitans, nous garantit tout ce dont ils seroient capables,
si la paix dont nous jouissons pouvoit encore être un
moment troublée : alors, comme aujourd'hui, dociles à
la voix des seuls mandataires de l'autorité royale, ils
viendroient tous grossir nos rangs et s'y rallier sous l'étendard des lis redevenu l'oriflamme des François ;..... mais
tant de zèle et de dévoûment ne sont plus des sentimens
particuliers, la France entière les partage ; partout on
répète avec le même amour : *Vive le Roi long-temps,
les Bourbons toujours !* »

A ce cri si cher aux François, *le Roi long-temps, les
Bourbons toujours,* la foule immense qui entouroit le
trophée élevé au-dessus de la première pierre du monument a répondu : *Vive le Roi! vivent les Bourbons!*

Alors M. le comte de Chazelles a pris la parole, et a dit :

« Messieurs,

« Le sol breton étoit ravagé par des troupes ennemies ; Beaumanoir dit à un chef anglois : « Au mépris de la « trève publiée, tes soldats dévastent les campagnes et « désolent ses paisibles habitans. Le brave n'attaque pas « l'homme sans défense : laisse en repos le laboureur, et « remets au sort des combats une vengeance permise et « plus digne de ton courage ; que tes plus vaillans Cheva- « liers osent avec toi défier mes compagnons d'armes...... « Je serai à leur tête...... Mais pour épargner le sang de « nos guerriers, vidons notre querelle dans un combat de « trente contre trente, c'est assez pour couvrir d'une « gloire impérissable la bannière qui triomphera. »

« Bembrough accepta le défi ; le rendez-vous fut donné près d'un chêne également éloigné des deux camps ; le jour fut fixé au 27 mars 1351.

« De retour dans son camp, Beaumanoir fit connoître l'engagement qu'il avoit pris : des champions se présen- tèrent en foule ; tous étoient dignes de soutenir l'honneur breton : le choix de leur chef ne put tomber que sur des guerriers sans peur et sans reproches.

« Ils étoient braves aussi les combattans du parti opposé, ils étoient dignes d'être commandés par Bem- brough : entre de semblables guerriers, le combat ne pouvoit être qu'opiniâtre et terrible; ils ne succombèrent pas sans des efforts immenses, ils ne périrent pas sans gloire, ces fiers insulaires; mais le prix de la vaillance demeura aux Bretons, et la victoire couronna le dévoûment à la cause de la patrie, à celle de l'humanité.

« C'est au lieu même où je parle, Messieurs, que se passa cet événement si glorieux à la nation bretonne et aux armes françoises; ici, sur cette même terre où l'on vit pendant des siècles le fameux chêne de Mi-Voie, trente preux combattirent pour la défense du pauvre, du laboureur, de l'artisan, et vainquirent des étrangers que de funestes divisions avoient amenés sur le sol de la patrie. Honneur à ces braves! Que leurs noms passent à la postérité la plus reculée, avec le monument que leur élève en ce jour leur pays reconnoissant, par les soins du Conseil général de ce département.

« En s'approchant de la pierre consacrée à leur vaillance, tout François honorera leur mémoire et se sentira pénétré de vénération. Héritiers de leur gloire, c'est pour les Bretons surtout que ce monument sera l'éternelle source de beaux souvenirs et de nobles sentimens.

« En se rappelant les hauts faits des vainqueurs de Mi-Voie, qui d'entre vous, Messieurs, ne se sent embrasé de l'amour de la patrie! Qui d'entre nous ne dit pas dans son cœur : *Comme les Trente, je saurois repousser toute domination étrangère et mourir pour la cause de nos Souverains légitimes!*

« Quel spectacle offre en ce moment, Messieurs, l'antique et célèbre champ d'honneur que nous foulons! A ces loyaux et fidèles habitans de toutes les classes, de tous les rangs; à ces magistrats révérés de leurs concitoyens; au digne prélat de ce diocèse, à son vénérable clergé, viennent se réunir et se mêler des guerriers décorés du signe des braves, et qui ont fait triompher les armes françaises dans toutes les contrées de l'Europe. Renouant aujourd'hui la chaîne des âges, et rattachant à la gloire des siècles passés la gloire du siècle présent, ils viennent au milieu de nous honorer de leurs hommages et saluer de leurs armes victorieuses les trophées de nos vieux temps.

« Ils ont fait plus, Messieurs, à la voix du comte de Coutard, commandant la treizième division militaire, de ce brave Général qui les guida à la victoire, ils ont voulu concourir aux frais de ce monument triomphal : un si bel exemple ne restera pas sans imitateurs. Si nos vœux sont remplis, un vétéran de la guerre et un vétéran de la marine, gardes d'honneur de cet obélisque, trouveront en ces lieux une existence et un repos honorable : ainsi le drapeau de Henri IV y flottera à jamais réuni à ce pavillon royal qu'illustrèrent encore dans le dernier siècle Dugay-Trouin, Toulouse, Jean-Bart et Suffren.

« Combien il m'est flatteur, Messieurs, de présider à la cérémonie qui nous rassemble, d'être ici l'interprète de vos sentimens! Que cette époque soit à jamais mémorable! Qu'elle rappelle à nos derniers neveux que le cinquième anniversaire de la rentrée du Souverain légitime fut célébré dans le Morbihan par l'érection d'un trophée à la gloire des braves, par le serment renouvelé, sous les auspices de la religion, d'être fidèle au trône de Saint-Louis, à la patrie, de se rallier franchement aux sages institutions données par le meilleur des Monarques, et par ce cri de nos cœurs : *Vive le Roi long-temps, les Bourbons toujours!* »

Ce cri si cher à la France, *le Roi long-temps, les Bourbons toujours*, a été de nouveau répété par l'immense population qui environnoit le monument, avec l'accent de l'amour le plus profond, et un élan, un enthousiasme qu'il seroit impossible de décrire.

Lorsqu'après cette explosion de la joie publique, le calme a pu être rétabli, Monseigneur l'Évêque de Vannes a béni solennellement la première pierre et entonné le psaume *Exaudiat* et le *Te Deum*. Le peuple a assisté à ces cérémonies religieuses avec un recueillement admirable, et a reçu la bénédiction pastorale avec le respect qu'il conserve pour la religion de ses pères.

La première pierre étant ensuite convenablement assise, nous l'avons définitivement posée [1]. Les Membres

---

[1] *Sous le règne de* LOUIS XVIII, *Roi de France et de Navarre : le* 11 *juillet* 1819, *Son Exc. le Comte* DECAZES, *Pair de France, étant Ministre de l'Intérieur;* LOUIS BECQUEY, *Conseiller d'État, Membre de la Chambre des Députés, Directeur général des Ponts et Chaussées et des Mines;* Jean-Charles ROUSSIGNÉ, *Inspecteur de la quatorzième division, la première pierre du Monument de la Bataille des Trente a été posée par Louis-*

du Conseil général du département, Monseigneur l'Évêque de Vannes, les Généraux, les Dames, les Magistrats, les Officiers, les Administrateurs, les Fonctionnaires publics, toutes les personnes invitées, l'ont, après nous, et ainsi que nous, frappée du marteau.

De nouvelles acclamations, une salve de vingt et un coups de canon, ont en cet instant salué le monument que le Conseil général du département du Morbihan élève à la mémoire des braves qui combattirent au champ de Mi-Voie, pour soutenir la noble cause de leur Souverain légitime, défendre le peuple contre les violences d'un ennemi implacable, et venger l'honneur breton, l'honneur français outragés. Puisse ce monument, consacré à la fidélité et au dévoûment de trente Bretons, inspirer aux générations futures l'horreur des guerres civiles! Puisse-t-il nous rappeler sans cesse ces belles paroles du meilleur des Rois : *Oubli, union!*

Cette heureuse journée ¹, qui s'est écoulée dans la joie

François Comte DE COUTARD, *Lieutenant-général des armées du Roi, commandant la treizième division militaire, Commandeur de l'Ordre Royal de la Légion-d'Honneur, Chevalier de Saint-Louis et du Mérite militaire de Bavière; Augustin-Jean-Baptiste-Louis-Marie Comte* DE CHAZELLES, *Baron de Lunac, Officier de l'Ordre Royal de la Légion-d'Honneur, Préfet du Département du Morbihan; Jacques-François-Marguerite* PIOU, *Ingénieur en chef au Corps Royal des Ponts et Chaussées, Membre du Conseil général du Département du Morbihan, auteur du Projet du Monument.*

¹ Le lendemain, la ville de Ploërmel a donné une fête superbe aux personnes qui s'étoient rendues à la cérémonie de la pose de la première pierre.

la plus vive et l'harmonie la plus parfaite, a été terminée par un magnifique banquet auquel M. le comte de Chazelles avoit invité les chefs de corps et les personnes les plus notables venues au champ de Mi-Voie.

FAIT et ARRÊTÉ sous nos signatures, à Mi-Voie, ce jour, 11 juillet 1819.

Le Comte DE COUTARD.

Le Comte DE CHAZELLES.

J. F. M. PIOU.

† PIERRE-FERDINAND, Évêque de Vannes, Archevêque-élu d'Aix.

Le Comte DU BOTDÉRU, Chevalier de Saint-Louis et de la Légion-d'Honneur, membre du Conseil général du département.

CHARDEVEL, Procureur du Roi près le Tribunal de Ploërmel, membre du Conseil général du département.

Le DOÜARAIN DE LÉMO, Chevalier de Saint-Louis, Maire d'Augan, membre du Conseil général du département.

DUCHESNE-DU-TAY, Chevalier de Saint-Louis, Maire de Glénac, membre du Conseil général du département.

Le Chevalier DE GOURDAN, ancien Officier de cavalerie, Maire de la Croix-Helléan, membre du Conseil général du département.

Le Marquis DUPLESSIS DE GRÉNÉDAN, Chevalier de Saint-Louis, Maire de Ménéac, membre du Conseil général du département.

DE TUAULT, Officier de la Légion-d'Honneur, Président du Tribunal de Ploërmel, membre du Conseil général du département.

Le Baron DE JOUBERT, Commandeur de la Légion-d'Honneur, Chevalier de Saint-Louis et de la Couronne de fer, Maréchal des camps et armées du Roi, Commandant la deuxième subdivision de la treizième division militaire.

Le Baron FILHOL DE CAMAS, Commandeur de la Légion-d'Honneur, Chevalier de Saint-Louis, Maréchal-de-Camp au corps royal d'artillerie, à Rennes.

Le Marquis DE LA BOËSSIÈRE, Chevalier de Saint-Louis, Maréchal des camps et armées du Roi.

Le Comte DE LA FRUGLAYE, Maréchal-de-Camp.

Le Comte DE LA BOURDONNAYE, Officier de la Légion-d'Honneur, Chevalier de Saint-Louis, Colonel du régiment des
chasseurs à cheval du Morbihan.

Le Comte BONI DE CASTELLANE, Officier de la Légion-d'Honneur,
Chevalier de Saint-Louis et du Mérite militaire de Bavière,
Colonel du régiment du Bas-Rhin, houssards.

Le Vicomte DU BOISBAUDRY, Chevalier de Saint-Louis et de
Saint-Jean de Jérusalem, Lieutenant-Colonel d'artillerie, sous-
directeur de l'arsenal de Rennes.

FROMANT, Chevalier de Saint-Louis et de la Légion-d'Honneur,
Sous-Intendant militaire à Vannes.

MOULIN DU MOUSSET, Chevalier de la Légion-d'Honneur, Capitaine au Corps Royal d'État-Major.

G. DE VAUX, Lieutenant d'État-Major.

DE PALYS, Lieutenant, Aide-de-Camp du Général de Coutard.

F. MOTTE, Lieutenant d'artillerie, Aide-de-Camp.

Comtesse DE COUTARD, née DAVOUT.

Comtesse DE CHAZELLES, née Jenny DE LÉZAN.

Baronne DE JOUBERT, née Caroline DE LA VILLESGRIS.

Marquise DE LA BOËSSIÈRE, née DU BOIS [1] DE LA FERONIÈRE.

Comtesse DE LA BOURDONNAYE, née DE LANTIVY.

Comtesse DE QUERHOËNT, née DONDEL.

DU MINEHY, née GIRAUD DES LANDREAUX.

BRIOT DE LA MALLERIE, née DE COËTTANDO.

Théophile BRIOT DE LA MALLERIE. [2]

Félix BRIOT DE LA MALLERIE.

Cyr-Charles BRIOT DE LA MALLERIE.

Félicie BRIOT DE LA MALLERIE.

---

[1] Descend de GEOFFROY DU BOIS, l'un des Trente.

[2] Descendant, ainsi que les huit personnages qui suivent, de Robert
DE BEAUMANOIR, l'un des Trente.

Agathange Briot de la Mallerie.

Léonce Briot de la Mallerie.

Gustave Briot de la Mallerie.

Ernest Briot de la Mallerie.

Constantin Briot de la Mallerie.

Ponsard, née Judith Guidotti.

Eonnet, née Perrot.

Le Comte de Noailles, Ambassadeur du Roi en Russie.

Le Marquis de Montboucher.

Le Marquis de Goyon.

Le Chevalier Louis de Couëssin.

Le Marquis de Lestourbeillon, Chevalier de Saint-Louis.

Roüaud de la Villemartin, premier Adjoint au Maire de Guérande.

Le Bobinnec, Conseiller de Préfecture, Membre du Conseil de l'Arrondissement de Vannes.

Le Comte de Querhoënt, Conseiller de préfecture, Membre du Conseil de l'Arrondissement de Vannes.

Le Roux du Minehy, Chevalier de Saint-Louis, Sous-Préfet de l'Arrondissement de Ploërmel.

Charles Mauger, Ingénieur de l'Arrondissement du Nord.

Le Chevalier de Ferron, Membre du Conseil de l'Arrondissement de Ploërmel.

De Préaudau, Membre du Conseil de l'Arrondissem. de Ploërmel.

Billot, Membre du Conseil de l'Arrondissement de Ploërmel.

Rolland du Noday, Chevalier de Saint-Louis, ancien Chanoine de Rennes et Vicaire général de Dol, ancien Commissaire des États de Bretagne, ancien Commissaire du Roi près les armées de Sa Majesté.

Eon, Chanoine de Vannes.

Caradec, Chanoine honoraire, Curé de Josselin.

Duno, Chanoine honoraire, Curé de Ploërmel.

L'Abbé Pocquet.

Lecor, Ingénieur en chef au Corps Royal des Ponts et Chaussées, chargé de la direction des travaux du Canal du Blavet.

LAMBLARDIE, Ingénieur en chef au Corps Royal des Ponts et Chaussées, directeur des travaux maritimes du port militaire de Lorient.

CARBON, Ingénieur de l'Arrondissement de l'Ouest.

JOUVIN, Ingénieur au Corps Royal des Ponts et Chaussées, attaché aux travaux du Canal du Blavet.

CARADEC fils, Président du Tribunal de Vannes.

CLARET aîné, Vice-Président du Tribunal de Vannes.

EUDE, Juge au Tribunal de Vannes.

ROBERT, Juge d'Instruction au Tribunal de Ploërmel.

LE GOAËSBE-BELLÉE, Juge au Tribunal de Ploërmel.

BRENUCAT, Juge suppléant au Tribunal de Ploërmel.

WOIRDYE, Substitut de M. le Procureur du Roi près le Tribunal de Ploërmel.

DUPORTAL, Greffier du Tribunal de Ploërmel.

LE CORVAISIER, Juge au Tribunal de Lorient.

JACQUET, Payeur du Département du Morbihan.

BLUTEL, Inspecteur divisionnaire des Douanes royales, à Vannes.

LE LUÉOIS DE MARSILLY, Membre du Conseil municipal de Vannes, Directeur des Contributions indirectes, à Vannes.

BANÉAT, Directeur des Contributions indirectes, à Ploërmel.

Édouard PIOU.

Abel-Marie DE GOURDAN.

A. DE PENHOUET.

Alain DU PARC [1], Capitaine d'artillerie de marine, à Lorient.

DESCLOS DE LA FONCHAIS, Lieutenant au cinquième régiment d'infanterie de la garde.

DU PONTAVICE, Lieutenant de la gendarmerie royale, à Vannes.

Ch. HERSART, Ex-Capitaine d'infanterie.

Le Chevalier DE BARBAY, Officier de la Légion-d'Honneur, Chevalier de Saint-Louis, Lieutenant-Colonel de la légion du Morbihan.

---

[1] Descendant de Maurice DU PARC, l'un des Trente.

Urbain-Marie DE LÉISSÈGUES DE LÉGERVILLE, Capitaine à la légion du Morbihan.

A. POTHIER, Capitaine à la légion du Morbihan.

FOUCHER, Officier de la Légion-d'Honneur, Chef de bataillon à la légion de l'Orne.

DIBART, Sous-Lieutenant à la légion de l'Orne.

A. DE CRÈVECŒUR, Chevalier de la Légion-d'Honneur, Capitaine au régiment des chasseurs du Morbihan.

DE KEROUALAN, Officier au régiment des chasseurs du Morbihan.

Le Chevalier DUPONT, Officier au régiment des chasseurs du Morbihan.

Le Marquis DE CHERVILLE, Chevalier de Saint-Louis et de la Légion-d'Honneur, Major du régiment du Bas-Rhin, houssards.

PIGAULT-LEBRUN, Officier de la Légion-d'Honneur, Capitaine-Adjudant-Major au régiment du Bas-Rhin, houssards.

DE TURKHEIM, Chevalier de la Légion-d'Honneur et du Lion de Zaëhringen (Bade), Capitaine-Adjudant-Major au régiment du Bas-Rhin, houssards.

GRENIER, Chirurgien-Major du régiment du Bas-Rhin, houssards.

CORBEL, Chevalier de Saint-Louis et de la Légion-d'Honneur, Capitaine-Commandant d'escadron au régiment du Bas-Rhin, houssards.

CRISTIANI DE RAVARAN, Lieutenant en premier au régiment du Bas-Rhin, houssards.

MÜLLER, Chevalier de la Légion-d'Honneur, Lieutenant en premier au régiment du Bas-Rhin, houssards.

DELCROS-COSTA, Chevalier de la Légion-d'Honneur, Lieutenant en second au régiment du Bas-Rhin, houssards.

DE FOISSY, Lieutenant en second au régiment du Bas-Rhin, houssards.

SOYE, Sous-Lieutenant au régiment du Bas-Rhin, houssards.

CUENOT, Sous-Lieutenant au régiment du Bas-Rhin, houssards.

HUPPÉ, Sous-Lieutenant au régiment du Bas-Rhin, houssards.

HUARD, Chef de Division à la Préfecture du Morbihan.

L. A. DUBOT, Chef de Bataillon à la légion des Ardennes.

DUBOT, Chevalier de Saint-Louis, Chef de Bataillon.

BOREL DE BOTTEMONT, Chevalier de la Légion-d'Honneur.

DE BUSNEL, Chevalier de Saint-Louis.

DU QUÉLO DES CHAMBOTS, Chevalier de Saint-Louis.

DU BOUAYS, Chevalier de Saint-Louis.

BILLARD, Chevalier de la Légion-d'Honneur.

DE KERSAUSON, Chevalier de Saint-Louis.

Athanase SAUSSAY DE LAISTRE, Officier d'infanterie.

GILLET, Maire de Bignan.

PERROTIN, Maire de Billio.

DIGUET, Maire de Bohal.

ROPERT, Maire de Bréhan-Loudéac.

MARENNE, premier Adjoint au Maire de Bréhan-Loudéac.

BOSCHET, deuxième Adjoint au Maire de Bréhan-Loudéac.

ANGER DE KERNISAN, Chevalier de Saint-Louis, Maire de Caro.

GUILLOTIN, Maire de Caden.

RADOUEL, Maire de Campénéac.

JÉGOREL, Maire de Crédin.

BESNARD, Maire de Cruguel.

GUILLAUME, Adjoint au Maire d'Elven.

GUILLAUME, Maire de Gourhel.

LE RAY, Maire de Guilliac.

TREVELO, Adjoint au Maire de Guilliac.

GICQUEL, Maire de Guilliers.

DE LA GOUBLAYE, Maire de Guéhenno.

MERLET, Maire de Guégon.

HAROUET, Maire de Helléan.

GOGUET, ancien Avocat au Parlement de Paris, Maire de Josselin.

MAHIEUX, Maire de Lantillac.

CASSAC, Maire de Locminé.

Jean BRIOT DE LA MALLERIE, Maire de Loyat.

CAUDARD, Maire de Malensac.

PAUL, Maire de Marzan.

GAUDIN, Adjoint au Maire de Mohon.

Serasin, Maire de Molac.

Branbily, Adjoint au Maire de Molac.

J. F. Peschart Dupaty, Maire de Monterrein.

Josset, Maire de Montertelot.

Morice, Maire de Nivilliac.

Ryo, Maire de Péaule.

Mouro, Maire de Pleucadeuc.

Martin, Maire de Plaudren.

Radenac, Maire de Pleugriffet.

Leguével, Adjoint au Maire de Pleugriffet.

Jégorel, Secrétaire de la Mairie de Pleugriffet.

Lucas, Membre du Conseil municipal de Pleugriffet.

Eonnet, Maire de Ploërmel.

Moisan, Maire de Plumelec.

Yves Desnée, Adjoint au Maire de Plumelec.

Gougaud, Maire de Quily.

Pocard, Maire de Radenac.

Querlau, Maire de Reguiny.

Michel-Hyacinthe-Éléonore Henry du Quengo, ancien Officier, Maire de Réminiac.

Lacambre aîné, Maire de Rochefort.

Rolland, membre du Conseil de l'Arrondissement de Ploërmel, Maire de Rohan.

Nogues, ancien Officier d'infanterie, Greffier de la Justice de Paix du canton de Rohan.

Druais, Maire du Roc-Saint-André.

Briend, Maire de Saint-Abraham.

Lemay, Maire de Saint-Allouestre.

Largement, Maire de Sulniac.

Ozon, Maire de Saint-Jean de Brévelay.

Guyot, Maire de Saint-Guyomard.

Louis-Marie Henry du Quengo, ancien Officier, Maire de Saint-Samson.

Le Chevalier de la Ruée, Chevalier de Saint-Louis, Capitaine de frégate en retraite, Maire de Tréal.

JAULME, Maire de la Trinité.

GAMBERT, Chef de Bataillon en retraite, Commandant de la Garde Nationale du canton de Rohan.

LECAM, Adjudant-Major de la Garde Nationale.

GAILLARD, Receveur de l'Enregistrement.

CHEVALIER, Contrôleur des Contributions directes.

LAUGÉE, Receveur des Contributions indirectes.

DEBROISE, Juge de Paix de Locminé.

HERPE, Lieutenant retraité.

BRIAND, Suppléant du Juge de Paix de la Trinité.

GICQUEL, Greffier de la Justice de Paix de la Trinité.

F. MARTEL, Receveur de l'Enregistrement.

J. M. GRÉE, Instituteur.

DE LA TOUCHE PORMAN, ancien Officier d'infanterie.

HARSCOUËT DE KERAVEL.

Chevalier DE MAURAIGE.

Chevalier DE FAUCHER.

BROHAN, Adjoint.

CARELS, Adjoint.

ROUAULT DE LA VIGNE.

BRIEND fils.

O-NEILL, de Josselin.

GUILLOYS, Notaire Royal à Elven.

GAMBERT, Percepteur à Elven.

LE DIGABEL, Négociant à Theix.

F. BLOYET.

BRIAND fils.

COUDÉ.

DANION.

ULRICH, Chef de Bureau à la Préfecture.

LE MOINE.

LE MOUÉE.

PICARD, Maire de La Grée Saint-Laurent.

DU TERTRE.

NOMS DES PERSONNES

QUI N'ÉTOIENT PAS PRÉSENTES A LA CÉRÉMONIE, ET QUI ONT
DÉSIRÉ EN SIGNER LE PROCÈS-VERBAL.

Armand-Louis DE SERENT [1], Duc de Serent, Grand d'Espagne
de première classe, Pair de France, Lieutenant-Général des
armées du Roi, ancien Gouverneur de LL. AA. RR. le Duc
d'ANGOULÊME et le Duc de BERRY.

Hyacinthe-Joseph-Jacques Comte DE TINTENIAC [2], Grand'Croix
de l'Ordre Royal et militaire de Saint-Louis, Lieutenant-
Général des armées du Roi.

† Henri-Marie-Claude DE BRUC, Évêque de Vannes.

Jean-Baptiste-Martin JARRY, Chanoine, Grand-Chantre et Vicaire général honoraire du diocèse de Vannes.

BOCHEREL, Chanoine de Vannes.

MAHÉ, Chanoine de Vannes.

BARON, Chanoine de Vannes.

BEZIER, Chanoine de Vannes.

Constantin-Frédéric-Timoléon Comte DU PARC [3], Chevalier de
Saint-Louis, Colonel de cavalerie.

Le Vicomte Maurice DU PARC [4], Capitaine à la légion du Morbihan.

Le Vicomte DE TOUSTAIN-RICHEBOURG, Chevalier de Saint-
Louis, Colonel de cavalerie en retraite.

René-Jean DUPLESSIS DE GRÉNÉDAN, Chevalier de Saint-Louis,
Chef de Bataillon en retraite, Maire de Vannes.

François PIOU, Substitut de M. le Procureur du Roi près le
Tribunal de Montfort-sur-Meu (Ille-et-Vilaine).

---

[1] Dernier descendant de Jean DE SERENT, l'un des Trente ; décédé
le 30 octobre 1822, sans postérité.

[2] Descendant du Sire DE TINTENIAC, l'un des Trente.

[3] Descendant de Maurice DU PARC, l'un des Trente.

[4] Descendant de Maurice DU PARC, l'un des Trente.

Constance Piou.

Henri DE LAVALLÉE, Sous-Lieutenant à la légion de l'Orne.

Hyppolite DUPLESSIS DE GRÉNÉDAN, Sous-Lieutenant à la légion de l'Orne.

Le Chevalier Léopold DE BELLAING, ancien Lieutenant au premier régiment des Gardes d'Honneur, ancien Sous-Préfet du Havre et de Fontenay.

NOMS DE MM. LES OFFICIERS

Le Comte DE COUTARD, Lieutenant-Général commandant la treizième division militaire.

Le Comte D'HOFFELIZE, Maréchal-de-Camp commandant la première subdivision.

SOYE, Maréchal-de-Camp, Lieutenant de Roi à Brest.

Le Marquis DE LA BOURDONNAYE, Maréchal-de-Camp en retraite.

ROBINET, Intendant militaire de la treizième division.

TOULGOËT, Sous-Intendant militaire.

DE BELIZAL, Sous-Intendant militaire.

LEFEBVRE DESVAUX, Colonel, Chef d'État-Major de la treizième division.

LE NORMAND KERGRÉ, Chef de Bataillon d'État-Major.

DE PONT-BRIANT, Capitaine, Aide-de-Camp du Général d'Hoffelize.

MOULIN DU MOUSSET, Capitaine d'État-Major.

FERNEL, Capitaine d'État-Major.

DEVAUX, Lieutenant d'État-Major.

BEAUQUET, Lieutenant d'État-Major.

DE PALYS, Lieutenant, Aide-de-Camp du Général de Coutard.

BARCHOU, Sous-Lieutenant.

Le Comte DE LOPPINOT, Colonel de la légion du Calvados.

Le Vicomte DE GRAMONT, Lieutenant-Colonel de la légion du Calvados.

FOURNIER, Chef de Bataillon à la légion du Calvados.

D'ARNAUD, Chef de Bataillon à la légion du Calvados.

Le Comte DE SAINT-MICHEL, Colonel de la légion des Côtes-du-Nord.

DE LA VILLEGILLE, Lieutenant-Colonel de la légion des Côtes-du-Nord.

COMPRIS, Major de la légion des Côtes-du-Nord.

DE LA CHEVALLERIE, Chef de Bataillon à la légion des Côtes-du-Nord.

Le Vicomte PICOT DE PECCADEUC, Colonel de la légion de l'Ille-et-Vilaine.

DE BOUIS, Lieutenant-Colonel de la légion de l'Ille-et-Vilaine.

DE COQUET, Major de la légion de l'Ille-et-Vilaine.

LE COURT FONCANIÈRE, Chef de Bataillon à la légion de l'Ille-et-Vilaine.

LE MAIRE, Chef de Bataillon à la légion de l'Ille-et-Vilaine.

Le Comte DE LA BESSE, Colonel de la légion de la Loire-Inférieure.

GALIMAND, Lieutenant-Colonel de la légion de la Loire-Inférieure.

MOYA, Major de la légion de la Loire-Inférieure.

VIVIEN, Chef de Bataillon à la légion de la Loire-Inférieure.

AVEZIN, Chef de Bataillon à la légion de la Loire-Inférieure.

WALSH, Chef de Bataillon à la légion de la Loire-Inférieure.

Le Marquis DE CIVRAC, Colonel de la légion de Maine-et-Loire.

LAMBERT, Chef de Bataillon à la légion de Maine-et-Loire.

Le Chevalier MAURIN, Colonel de la légion des Deux-Sèvres.

BOSQUILLON DE FRESCHEVILLE, Lieutenant-Colonel de la légion des Deux-Sèvres.

LEFEBVRE LABOULAY, Chef de Bataillon à la légion des Deux-Sèvres.

Le Comte DE PREISSAC, Chef de Bataillon à la légion des Deux-Sèvres.

Le Comte DE LA BOURDONNAYE, Colonel du régiment des Chasseurs à cheval du Morbihan.

Le Chevalier DE FOURNAS, Lieutenant-Colonel du régiment des Chasseurs à cheval du Morbihan.

DE CHALEMBERT, Major du régiment des Chasseurs à cheval du Morbihan.

DEMONTS, Chef d'Escadron au régiment des Chasseurs à cheval du Morbihan.

DE BEAUMONT, Chef d'Escadron au régiment des Chasseurs à cheval du Morbihan.

Le Baron DE JOUBERT, Maréchal-de-Camp commandant la seconde subdivision.

FAUCHIER, Capitaine au Corps Royal d'État-Major.

Le Baron DE MORIÈS, Lieutenant de Roi à Lorient.

HERMELY, Lieutenant de Roi à Port-Louis.

CLUSEAU DE BIRAN, Lieutenant de Roi à Groix.

Le Comte DESPICTIÈRES, Lieutenant de Roi à Quibéron.

DISSON, Chef de Bataillon au Corps Royal d'Artillerie.

DE RADULPH, Lieutenant-Colonel au Corps Royal du Génie.

GUILLEY, Chef de Bataillon au Corps Royal du Génie.

DE BERTHOIS, Chef de Bataillon au Corps Royal du Génie.

GUESNET, Chef de Bataillon au Corps Royal du Génie.

JARY, Capitaine au Corps Royal du Génie.

NADAUD, Capitaine au Corps Royal du Génie.

LE DUC, Capitaine au Corps Royal du Génie.

SAVARY, Capitaine au Corps Royal du Génie.

DE SAINT-SAVIN, Capitaine au Corps Royal du Génie.

BELLIER, Lieutenant au Corps Royal du Génie.

CHADABET, Chef de Bataillon à la légion de la Charente-Inférieure.

Le Baron DE RASCAS, Colonel de la légion du Finistère.

DE QUESNAY, Lieutenant-Colonel de la légion du Finistère.

BERNELLE, Major de la légion du Finistère.

FLEURY BOURCKHOLTZ, Chef de Bataillon à la légion du Finistère.

BONMARD, Chef de Bataillon à la légion du Finistère.

LABROT, Chef de Bataillon à la légion du Finistère.

Joseph CADUDAL, Colonel de la légion du Morbihan.

DE BARBAY, Lieutenant-Colonel de la légion du Morbihan.

HERVEY, Major de la légion du Morbihan.

PRÉVOST DE LA VOLTAIS, Chef de Bataillon à la légion du Morbihan.

PRÉVOST DE LA MOISSONNIÈRE, Chef de Bataillon à la légion du Morbihan.

LAFEUILLE DE ROUSSAC, Chef de Bataillon à la légion du Morbihan.

Monistrol, Chef de Bataillon à la légion du Morbihan.

De Thilorier, Colonel de la légion de l'Orne.

Joseph Coste, Lieutenant-Colonel de la légion de l'Orne.

Le Baron de Saint-Paul, Major de la légion de l'Orne.

Félix Miquelard, Chef de Bataillon à la légion de l'Orne.

Joseph-Désiré Foucher, Chef de Bataillon à la légion de l'Orne.

Boulvrais, Chef de Bataillon à la légion de l'Orne.

Henri de Lavallée, Sous-Lieutenant à la légion de l'Orne.

Hippolyte Duplessis de Grénédan, Sous-Lieutenant à la légion de l'Orne.

Le Comte de Castellane, Colonel du régiment des Houssards du Bas-Rhin.

Le Baron de Querhoënt, Capitaine au régiment des Houssards du Bas-Rhin.

Fromant, Sous-Intendant militaire à Vannes.

De Goyon, Sous-Intendant militaire à Lorient.

Mauduit, Adjoint de première classe aux Sous-Intendans militaires, à Belle-Isle.

Poujol, Capitaine commandant le dépôt de la légion du Morbihan.

Urbain-Marie de Léissègues de Légerville, Capitaine à la légion du Morbihan.

De Conchy, Capitaine à la légion du Morbihan.

Marin, Lieutenant à la légion du Morbihan.

Renaud, Lieutenant à la légion du Morbihan.

Le Rol, Sous-Lieutenant à la légion du Morbihan.

Mondelet, Sous-Lieutenant à la légion du Morbihan.

Baymé, Sous-Lieutenant à la légion du Morbihan.

Bayle, Capitaine-Adjudant de place.

Carta, Capitaine-Adjudant de place.

Raffenel, Lieutenant-Adjudant de place.

Rondeaux, Garde du Génie à Groix.

Rousselot, Chef du premier bataillon colonial.

De Gournay, Capitaine-Adjudant de place à Belle-Isle.

Vatel, Secrétaire-Archiviste à Belle-Isle.

Loréal, Garde du Génie à Belle-Isle.

Hericé, Garde du Génie à Belle-Isle.

Lamy, Payeur de la guerre à Belle-Isle.

Renoult, Médecin de l'Hôpital de Belle-Isle.

Gibassier, Chirurgien-Major à Belle-Isle.

Boyer, Pharmacien major.

Gilig, Pharmacien sous-aide-major.

Grimblot, Agent de l'Administration de l'atelier des condamnés au boulet.

Trochu aîné, Garde-Magasin des vivres à Belle-Isle.

Thubé, Garde-Magasin des vivres à Vannes.

Saval, Garde du Génie à Groix. [1]

---

[1] Le Procès-verbal de la Cérémonie de la pose de la première pierre du Monument de la Bataille des Trente, ainsi que les différentes listes des signataires, sont conformes à l'édition *in-fol.*, imprimée à *Vannes*, en 1819, par Galles aîné, imprimeur du Roi.

DESCRIPTION HÉRALDIQUE

DES ARMOIRIES

DES DIX CHEVALIERS ET VINGT-UN ÉCUYERS BRETONS

QUI SE TROUVÈRENT AU COMBAT DIT DES TRENTE.

CHEVALIERS.

1. ROBERT DE BEAUMANOIR.

D'azur à 14 billettes d'argent posées 4. 3. et 4.

2. LE SIRE DE TINTENIAC.

D'hermines à un croissant montant de gueules.

3. GUY DE ROCHEFORT.

Contrevairé d'or et d'azur.

4. YVES CHARRUEL.

De gueules à la fasce d'argent.

5. ROBIN RAGUENEL.

Écartelé d'argent et de sable au lambel parti de sable et d'argent en chef.

6. HUON DE SAINT-YVON.

D'argent à la croix de sable, au filet de gueules en bande brochant sur le tout.

7. CARO DE BODEGAT.

De gueules à 3 besans d'hermines.

8. Olivier Arrel.

Écartelé d'argent et d'azur.

9. Geoffroy du Bois.

Comme il a existé et qu'il existe encore beaucoup de familles ou maisons du nom de Du Bois en Bretagne, on a cherché en vain celle à laquelle a appartenu Geoffroy Du Bois dont il est ici question. On s'est vu forcé d'adopter les armoiries d'un personnage de ce nom, conservées parmi les sceaux de 1400 et au-delà, gravées à la fin de l'Histoire de dom Lobineau, *qui sont d'azur à 3 épées d'argent rangées en pal, la pointe tournée vers celle de l'écu,* parce que les familles bretonnes de Du Bois qui existent encore, n'ont pas remonté leurs preuves à 1400 lors de la réformation de la noblesse de cette province, sous Louis XIV ou postérieurement. Cependant on ne doit pas induire de cette observation, qu'aucune de ces familles actuellement existantes ne soit pas d'ancienne chevalerie, et n'ait pas produit le preux Chevalier de ce nom qui se trouva au Combat des Trente.

10. Jean Rousselot.

D'argent à 3 haches d'armes de sable.

ÉCUYERS.

11. Guillaume de Montauban.

De gueules à 9 macles d'or, au lambel d'argent à 4 pendans.

12. Alain de Tinteniac.

Comme le Sire de ce nom. *Voyez* le n° 2.

13. Tristan de Pestivien.

Vairé d'argent et de sable.

14. Alain de Keranrais.

15. Olivier de Keranrais son oncle.

Vairé d'argent et de gueules.

16. Louis Goyon.

D'argent au lion de gueules couronné d'or.

17. Geoffroy de la Roche.

De gueules à 3 fers de lance émoussés d'or 2. et 1.

18. Guyon de Pontblanc.

D'or à 10 billettes de sable posées 4. 3. 2. et 1.

19. Geoffroy de Beaucorps ou de Beaucours.

On n'a pu découvrir les armoiries de cette maison, qui paroît s'être éteinte masculinement, très peu d'années après le Combat des Trente, dans la personne même de Geoffroy de Beaucorps. Il ne laissa qu'une fille unique, mariée en 1351 à Jean Goyon, seigneur de Miniac et de Beaucorps à cause d'elle, second fils de Bertrand Goyon, IIIe du nom, sire de Matignon, et de Jeanne de Dinan.

20. Maurice du Parc.

D'argent à 3 jumelles de gueules posées en fasce.

21. Jean de Serent.

D'or à 3 quintefeuilles de sable.

22. N. de Fontenay.

D'argent à 3 jumelles de gueules mises en bande.

23. Hugues Capus, Chapus ou Trapus.

Ce nom est absolument inconnu dans les nobiliaires et armo-riaux anciens et modernes de la province.

24. Geoffroy Poulard.

Écartelé au premier et quatrième de gueules à la rose d'argent boutonnées d'or, au 2ᵉ et 3ᵉ de sinople plein.

25 et 26. N. et N. de Treziguidy.

D'or à 3 pommes de pin de gueules 2. et 1.

27. Guillaume de la Lande.

De gueules à la face contrebretessée d'argent.

28. Olivier de Monteville.

Burelé d'argent et de gueules de 10 pièces à la bordure de sable.

29. Simon Richard.

D'azur au massacre de cerf d'or surmonté d'une rose d'argent accostée de 2 besans de même.

30. Geoffroy de Mellon ou de Meslon.

D'azur à 3 croix pattées d'argent.

31. Guillaume de la Marche.

De gueules au chef d'argent.

NOMS DES TRENTE-UŃ ANGLOIS

QUI SE TROUVÈRENT AU COMBAT DIT DES TRENTE.

CHEVALIERS.

Robert BEMBROUGH.

Robert KNOLLES.

HERVÉ DE LEXUALEN.

HUE DE CAVERLAY.

Richard DE LA LANDE.

Thommelin BÉLIFORT.

Thommelin HUALTON.

ÉCUYERS.

Jean PLESANTON.

RICHARD-LE-GAILLARD.

HUCHETON DE CLAMABAN.

REPEFORT.

JENNEQUIN DE BETONCHAMP.

HENNEQUIN HÉROUART.

HENNEQUIN-LE-MARÉCHAL.

BOUTET D'ASPREMONT.

HUGUES-LE-GAILLARD.

GENDARMES.

CROQUART.

GAULTIER LALLEMANT.

ROBINET MÉLIPART.

ISANNAY-LE-HARDI.

DAGORNE.

HELCOQ.

HÉLICHON-LE-MUSART.

HUBINETE VITART.

TROUSSEL.

ROBIN ADÈS.

PERROT DE GANNELON.

GUILLEMIN-LE-GAILLARD.

RANGO-LE-COUART.

JENNEQUIN-TAILLARD.

DARDAINE.

TABLE.

FIN.

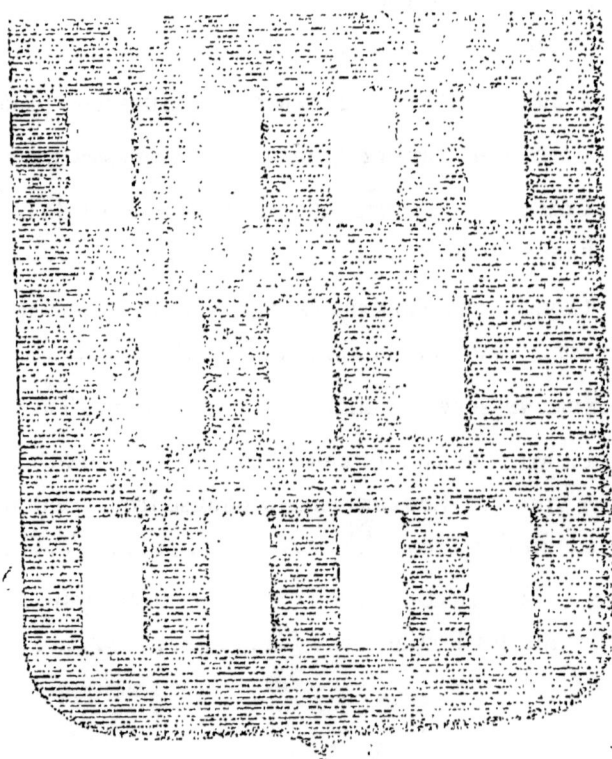

TABLE

FIN

Armoiries
Des Trente Bretons.

1.

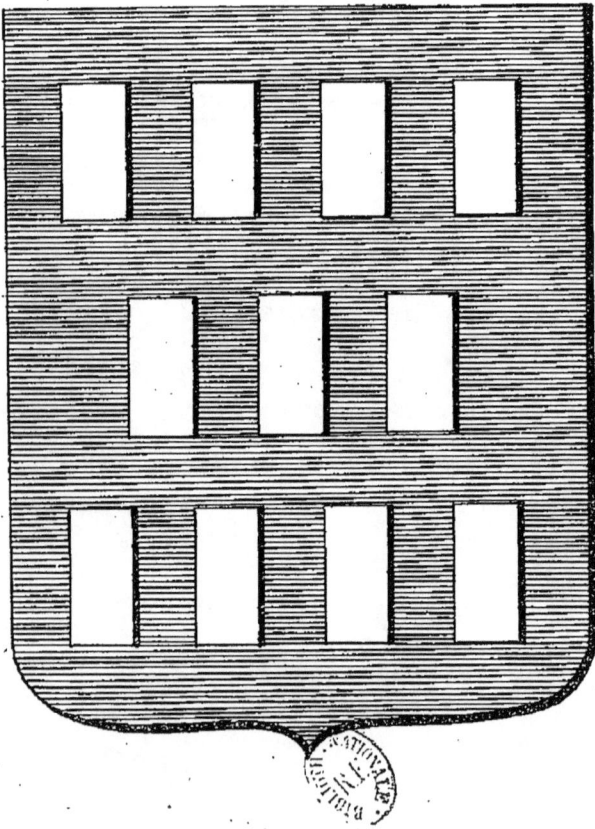

2.

3.

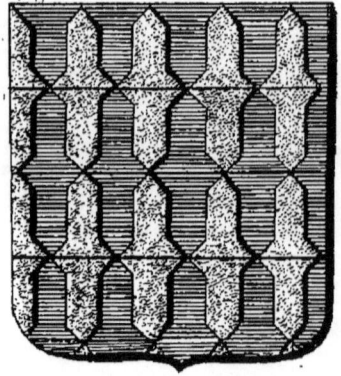

4.

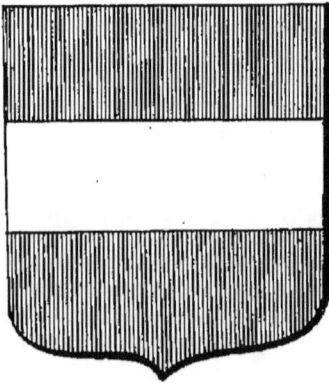

5.

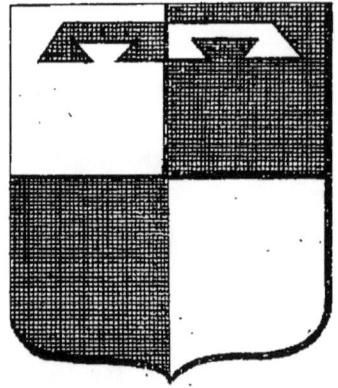

6.

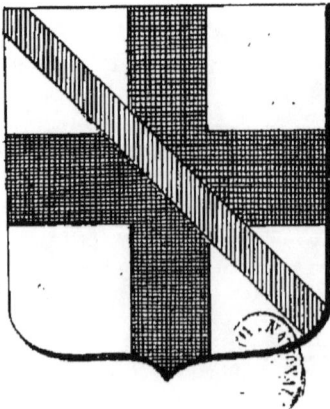

7.

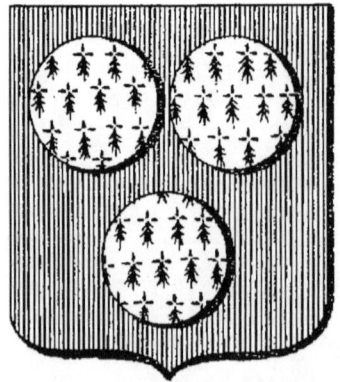

8.

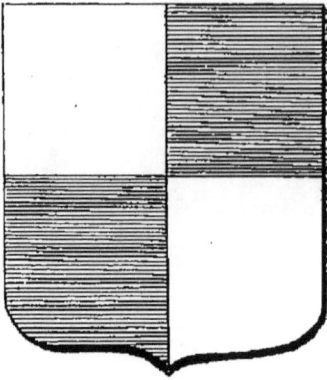

9.

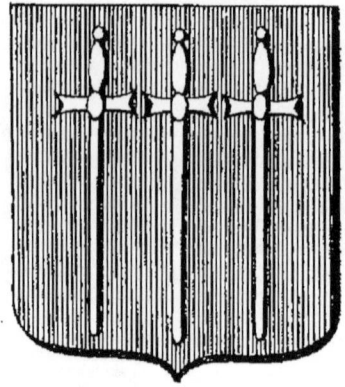

10.

11.

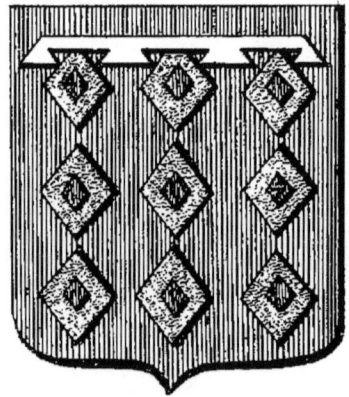

12.

13.

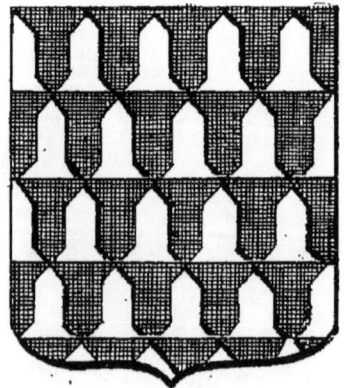

14.

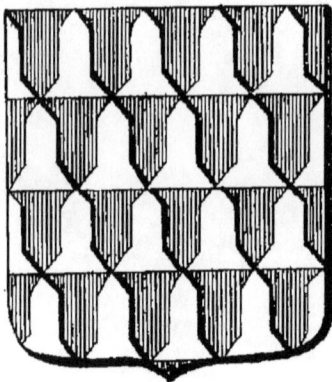

15.

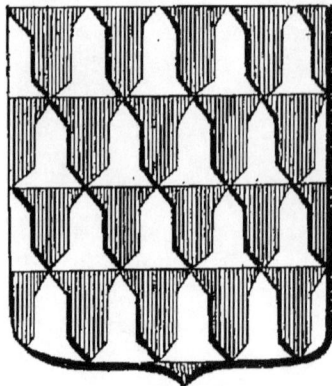

16.

17.

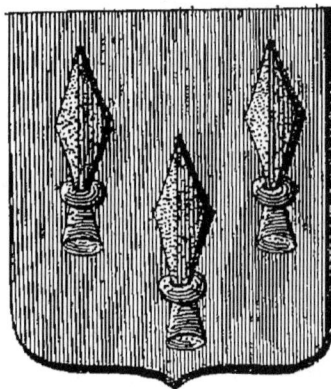

18.

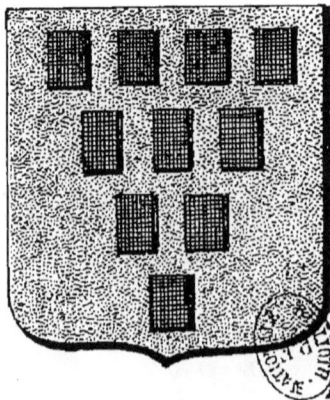

19.

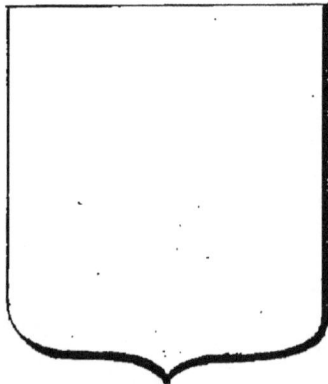

Lith: de C. Motte.

20.

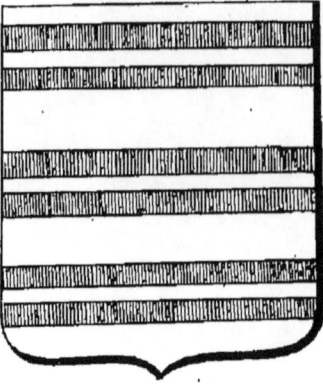

21.

22.

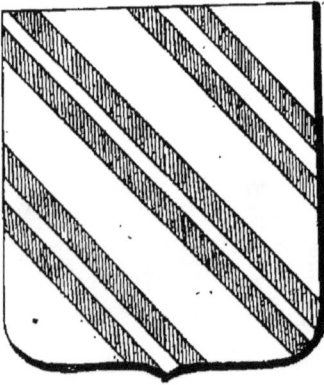

23.

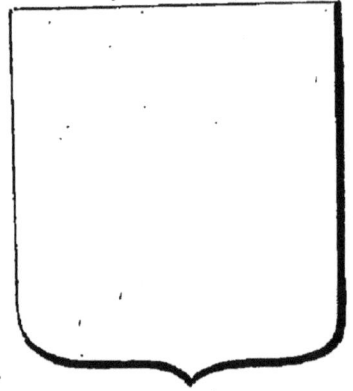

24.

25.

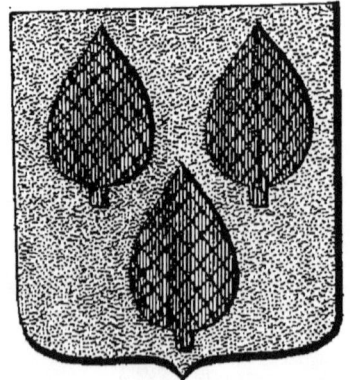

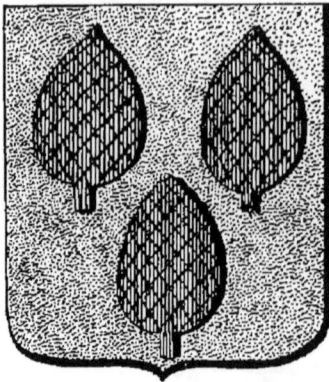

26.

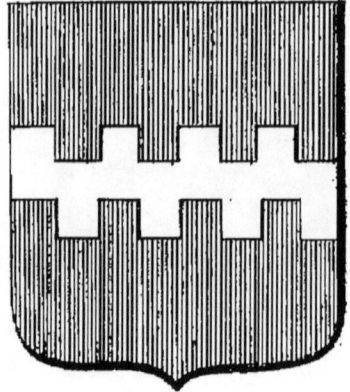

27.

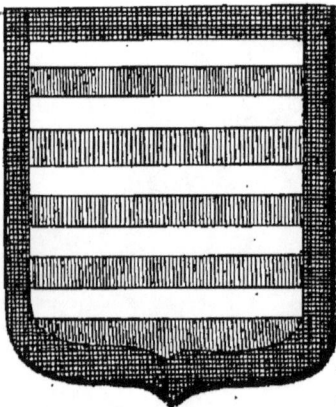

28.

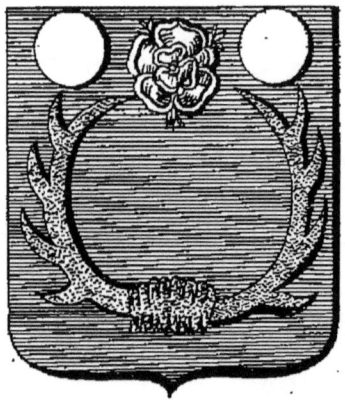

29.

30.

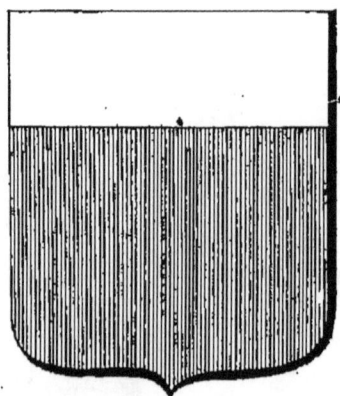

31.

Lith. de E. Motte.

www.ingramcontent.com/pod-product-compliance
Lightning Source LLC
Chambersburg PA
CBHW051719090426
42738CB00010B/1991